ALCIBÍAD

PLATÃO (c. 427-347 a.C.), ao lado do seu mestre Sócrates e do seu aluno Aristóteles, compõe o trio que se tornou a base da tradição intelectual do Ocidente. Nasceu em uma família que, por muitas gerações, teve posição de destaque na política ateniense. Seria natural que o pensador seguisse o mesmo caminho para se tornar uma figura influente em Atenas. No entanto, a busca pela sabedoria lhe revelou a violência injustificada e a corrupção que guiavam a vida política de Atenas. Revoltou-se, sobretudo, com a execução de Sócrates em 399 a.C. Inspirado pelos questionamentos socráticos sobre a natureza dos princípios éticos, Platão propôs que a cura para os males da sociedade depende do compromisso com a busca pela sabedoria, a filosofia, e chegou à convicção fundamental de que tais males jamais cessariam a menos que os filósofos se tornassem governantes — ou que os governantes se tornassem filósofos. Em uma data incerta do século IV a.C., fundou a Academia, em Atenas, a primeira instituição permanente devotada à pesquisa e ao ensino da filosofia, protótipo de todas as universidades ocidentais. Empreendeu inúmeras viagens, em especial pela Sicília, como conselheiro político de Dioniso II, governante de Siracusa.

Platão escreveu mais de vinte diálogos filosóficos, e também lhe são atribuídas treze cartas, cuja verdadeira autoria é alvo de acalorada discussão. Sua atividade literária se estendeu por cerca de meio século. Poucos escritores exploraram a prosa grega em toda a sua graça e precisão, sua flexibilidade e seu poder.

CELSO VIEIRA é pesquisador assistente na Ruhr Universität Bochum. Antes disso, fez um pós-doutorado na Universidade Federal do Pará (UFPA) e na Universidade Federal de Minas Gerais (UFMG), onde obteve o seu doutorado. Ele foi pesquisador visitante na University of Toronto e no Harry Ransom Archive na University of Texas at Austin. Seus artigos foram publicados por *Classical Quarterly*, *Méthexis* e *Elenchos*, entre outros periódicos. De Platão, ele traduziu o *Crátilo* e o *Alcibíades* I.

JULIA ANNAS nasceu em 1946 no Reino Unido. Professora de filosofia nos Estados Unidos há mais de vinte anos, é hoje docente honorária da Universidade do Arizona. Formada pela Universidade de Oxford, completou seu mestrado e doutorado na Universidade Harvard. Especialista em filosofia antiga, concentra suas pesquisas em ética platônica. É autora de, entre outros, *Virtue and Law in Plato and Beyond, Platonic Ethics: Old and New* e *Hellenistic Philosophy of Mind*.

PLATÃO

Alcibíades I
ou Conhece-te a ti mesmo

Tradução do grego, apresentação, guia de leitura e notas de
CELSO VIEIRA

Introdução de
JULIA ANNAS

COMPANHIA DAS LETRAS

TÍTULO ORIGINAL
Ἀλκιβιάδης α′

TRADUÇÃO DA INTRODUÇÃO
Cristian Clemente

PREPARAÇÃO
Fábio Fujita

REVISÃO
Angela das Neves
Paula Queiroz

Dados Internacionais de Catalogação na Publicação (CIP)
(Câmara Brasileira do Livro, SP, Brasil)

Platão
  Alcibíades I ou Conhece-te a ti mesmo / Platão ;
tradução, apresentação, guia de leitura e notas de Celso Vieira ;
introdução de Julia Annas — 1ª ed. — São Paulo :
Penguin-Companhia das Letras, 2022.

  Título original: Ἀλκιβιάδης α′.
  ISBN 978-85-8285-243-9

  1. Autoconhecimento 2. Filosofia antiga 3. Filosofia antiga –
História 4. Platão. Alcibíades I. Vieira, Celso II. Annas, Julia
III. Título. IV. Conhece-te a ti mesmo.

22-89548   CDD-184

Índice para catálogo sistemático:
1. Platão : Teoria das ideias : Filosofia 184
Eliete Marques da Silva — Bibliotecária — CRB-8/9380

[2022]
Todos os direitos desta edição reservados à
EDITORA SCHWARCZ S.A.
Rua Bandeira Paulista, 702, cj. 32
04532-002 — São Paulo — SP
Telefone: (11) 3707-3500
www.penguincompanhia.com.br
www.companhiadasletras.com.br
www.blogdacompanhia.com.br

Sumário

Apresentação

CELSO VIEIRA

No *Alcibíades I*, o leitor testemunha o que Sócrates tem a dizer diante da decisão do jovem Alcibíades de se tornar um político. Em face de uma decisão importante, era costume dos gregos antigos pedirem auxílio a um oráculo. O mais famoso deles era o oráculo de Apolo, em Delfos. Um visitante que ali chegava encontrava, antes da entrada, três admonições: "Conhece-te a ti mesmo", "Nada em excesso" e "A garantia precede a ruína" [*Cármides* 165a]. A linguagem sucinta dos conselhos espelha o estilo oracular em que a interpretação correta se esconde atrás do sentido trivial. Encontrá-la é tarefa do visitante.

O método filosófico, pelo menos como praticado por Platão, não partilha dessa estratégia oracular. Muitos dos seus diálogos encenam a busca por uma compreensão mais precisa de um termo — termos esses que são, muitas vezes, conceitos indispensáveis para a vida na cidade: justiça, sensatez e similares. O "conhece-te a ti mesmo" é também um tema recorrente nos diálogos platônicos. O dito délfico é citado e investigado no *Cármides* [164d], no *Protágoras* [343b], no *Fedro* [229e], no *Filebo* [48c] e nas *Leis* [11.923a]. No entanto, é no *Alcibíades I* que o leitor presencia a tentativa de Sócrates de definir em que consiste o conhecimento de si. Conhecimento esse que seria indispensável para Alcibíades realizar suas aspirações políticas.

CONHEÇA AS SUAS MEDIDAS

O sentido tradicional do "conhece-te a ti mesmo" na Grécia antiga pode ser entendido como "conheça suas medidas" ou, de maneira mais assertiva, "reconheça seu lugar". Xenofonte oferece um exemplo imbuído desse significado na *Ciropédia* [7.2 (20-30)]. Creso, um derrotado rei da Lídia, conversa com seu algoz, Ciro, imperador da Pérsia. Creso relata que perguntara a um oráculo o que deveria fazer para ter uma vida feliz. "Conhece-te a ti mesmo" foi a resposta recebida, e Creso comenta: "Quando ouvi a resposta, fiquei contente, pois pensei que essa era a tarefa mais fácil do mundo [...], eu pensava que todos sabem quem e o que são". A sequência do relato mostra como um círculo de conselheiros bajuladores convenceu Creso a declarar guerra contra Ciro. "Eu aceitei a proposta", prossegue Creso, "pois me considerava apto a me tornar o maior, mas, como parece, eu não conhecia a mim mesmo, [...] pois eu não estava a tua altura."

A passagem repete o padrão de como os oráculos são usados na literatura grega. Uma resposta é dada, a interpretação parece óbvia, e quem a obtém age de acordo. Entretanto, a realidade se desenrola de maneira inesperada e acaba por revelar como o oráculo estava correto e a interpretação, equivocada. Ademais, o erro está geralmente ligado a algum tipo de autoilusão, que é o oposto do conhecimento de si. Os humanos tendem a interpretar as palavras divinas de um modo a confirmar a visão exageradamente favorável que trazem de si mesmos. No caso de Creso, os conselheiros bajuladores se aproveitam dessa tendência. Em vista disso, podemos entender por que, antes de entrar no oráculo, é necessário conhecer as próprias medidas e reconhecer seu lugar. A passagem de Xenofonte ainda indica como as três admonições no templo de Delfos estão relacionadas. O erro mais comum é superestimar-se. Essa postura desencadeia uma busca por desejos exagerados que pavimentam o caminho para a ruína.

O conhecimento de si se torna, assim, um imperativo moral. Como na maioria dos imperativos morais tradicionais, incluindo os religiosos, ele é negativo. Trata-se de uma advertência contra a arrogância. Xenofonte deixa isso claro na sequência do texto. Creso cita a sua esposa como um exemplo de vida contente, pois ela nunca partilhou do seu desejo de conquistas. Desse modo, depois da derrota e em diálogo com o seu inimigo, Creso reconhece a virtude do comportamento prudente. Vale lembrar que a virtude da sensatez, em oposição à coragem, era, na Grécia antiga, uma virtude feminina.

Platão, no *Cármides* [164d], chega a aventar se a sensatez seria o conhecimento de si. Contudo, ao continuar trabalhando o conceito de sensatez, ele acaba sendo definido como a capacidade de reconhecer o que é verdadeiramente bom em oposição ao aparentemente bom — como acontece com várias outras virtudes nos diálogos socráticos. Os desejos quase unânimes entre os humanos (como beleza, riqueza e fama) apenas parecem ser bons. O que é realmente bom está ligado ao conhecimento e à justiça. Essa distinção, veremos, tem também um papel central no *Alcibíades I*.

SAIBA QUE É MORTAL (OU, TALVEZ, IMORTAL)

"Se quiseres conhecer-te a ti mesmo, e quem és, olha para as sepulturas durante a tua jornada." Com essas palavras, o poeta cômico ateniense Menandro ilustra outra concepção do conhecimento de si. Uma vez que a mortalidade delimita a condição humana, aqui se fala também da noção de conhecer suas medidas. Mais uma vez, apesar de trivial, a advertência é necessária, pois a tendência humana é negligenciar a fragilidade e a efemeridade da vida. Entretanto, há também uma ruptura nessa concepção do conhecimento de si, já que o conhecer suas medidas supõe uma hierarquia de poderes e capacidades segundo a qual cada humano deve reconhecer o seu lugar. A sequência do diálogo entre Ciro e Creso ilustra essa hierarquia. Creso reconhece o seu erro assim: "Tu és primogênito em uma linhagem divina [...] enquanto eu sou o primeiro dos meus ancestrais a usar uma coroa". No entanto, quando a medida é a mortalidade, ela opera como um elemento que iguala os seres humanos, ainda que pela pequenez. O fragmento de Menandro continua: "Ali estão os ossos e a poeira de homens que um dia foram reis, déspotas, sábios, homens que se gabavam de berço nobre, riqueza, fama e beleza física".

O fragmento usa a morte como medida para criticar o engano dos humanos acerca de quais seriam as condições para uma boa vida. Como vimos no *Cármides*, Platão endossa essa crítica, mas apenas em certa medida. Ele faz parte de uma linhagem de filósofos para os quais a alma seria imortal. Ademais, ela seria responsável pela capacidade humana de conhecimento, incluindo o conhecer o que é bom ou ruim.

No *Fedro*, a concepção platônica da alma é tratada em relação ao "conhece-te a ti mesmo". Sócrates admite ser incapaz de conhecer-se a si mesmo pois não consegue decidir se é uma fera mais complicada que Tifão ou algo simples e divino [229e]. Tifão, figura monstruosa com cem cabeças de serpente, é usado para ilustrar o caráter múltiplo e descoordenado dos desejos humanos. Por outro lado, Sócrates identifica na razão humana a parte divina da alma capaz de controlar esses desejos. A sequência do texto apresenta uma solução composta para o dilema: Sócrates defende a imortalidade da alma e a representa como uma carruagem guiada por um cocheiro e impulsionada por dois cavalos. Os cavalos são o apetite e a raiva, enquanto o cocheiro representa a razão, que é a parte divina. Veremos como, em uma das passagens mais discutidas no *Alcibíades I*, a parte racional da alma também é caracterizada como divina.

Esse breve percurso pela história das ideias revela como o conhecer nossas medidas enquanto seres mortais passa, após o tratamento de Platão, a ser tratado com o sentido oposto de conhecer o que há de imortal e divino em nós. A divinização da alma atinge o seu cume no neoplatonismo. Extrapolando o tratamento de Platão, Plotino [*Enéadas* 4.3] estabelece Deus como o objeto do conhecimento de si que se torna uma experiência transcendental. Esse percurso ímpar talvez sirva de exemplo e alerta contra a já mencionada autoilusão humana guiada pelo excesso de confiança e vontade de grandeza.

RECONHEÇA OS SEUS DEFEITOS E VÍCIOS

Outro sentido derivado do conhecer suas medidas é o conhecimento de si como o reconhecimento de nossos defeitos. Nesse caso, a falha em reconhecer os próprios defeitos é contrastada com a capacidade quase imediata de reconhecer os mesmos defeitos no caso dos outros. Esopo ilustra essa assimetria em sua "Fábula das duas bolsas". Segundo ela, os humanos nascem com duas bolsas: aquela dependurada a sua frente carrega as falhas dos outros, enquanto a outra, dependurada atrás, carrega as próprias falhas. Desse modo, Esopo ilustra a assimetria entre a crítica dos outros e a falta de autocrítica.

Aristóteles, na *Magna Moralia II* [1213ab], desenvolve o tema presente nessa fábula. Ele nota como repreendemos uma ação de outrem que, quando realizada por nós mesmos, encontramos uma maneira de justificar. A sua solução contra essa tendência é observar os nossos amigos. Eles funcionariam como um espelho em que podemos ver a nós mesmos e identificar as falhas que nos escapam.

Galeno oferece uma alternativa em que o papel do outro é mais ativo. Em *Diagnóstico e cura das paixões da alma* *III*, ele aconselha que peçamos a observadores externos sinceros e inteligentes que apontem as nossas falhas que nos escapam. Em ambos os casos, a assimetria na percepção das falhas próprias e alheias confere ao outro um papel ativo no conhecimento de si.

Vários são os papéis dos outros no conhecimento de si encenado nos diálogos de Platão. Na *Apologia* [21b-22e], lemos que um oráculo teria dito que Sócrates seria o mais sábio dentre os seres humanos. Sócrates, diferentemente de Creso, permanece prudente diante da revelação. Em vez de aceitar o elogio e agir de acordo, ele sai por Atenas em busca de pessoas sábias que serviriam de contraexemplo à declaração do oráculo. Em sua busca, ele vai ter com políticos, poetas e artesãos. Um padrão aparece. Cada um acha que possui algum conhecimento, mas as perguntas de Sócrates expõem a ignorância deles. A investigação permite ao filósofo desvelar a interpretação do oráculo de uma maneira não trivial e, podemos supor, correta. A maioria das pessoas vive com a certeza de saber o que saber o que, na verdade, não sabe. Sócrates, por outro lado, tem o discernimento de saber que não sabe. Esse reconhecimento da própria ignorância conta como conhecimento de si. Eis o primeiro passo para a busca pelo conhecimento.

Segue-se a missão de Sócrates de passar a vida a questionar os seus concidadãos para mostrar que eles não conhecem o que acham que conhecem, inclusive a si mesmos. No *Laques* [187e], um dos interlocutores afirma que qualquer investigação com Sócrates acaba se tornando uma investigação sobre si. No *Alcibíades I*, o rapaz que dá título ao diálogo está prestes a entrar na vida política ateniense e acaba por reconhecer que, ao contrário do que acreditava, não conhece a verdade sobre os assuntos de justiça. Ele se compromete a aprender tais assuntos antes de se aventurar na política. No entanto, revelar a ignorância alheia em público, em geral, provoca uma reação negativa, principalmente em uma sociedade em que reputação é poder, como em Atenas no período clássico. Na *Apologia* [23c], Sócrates supõe ter sido essa a causa de sua condenação à morte: "Eles ficam com raiva de mim quando deveriam ficar com raiva de si mesmos!". O ressentimento da opinião pública é comprovado em *As nuvens* [841], em que o poeta cômico Aristófanes faz troça do tipo de conhecimento adquirido por quem entra na "Lojinha de Pensamentos de Sócrates". As vantagens de estudar com o filósofo são expostas sem polimento retórico: "Tu irás conhecer-te a ti mesmo, o quão ignorante e estúpido és!".

DIÁLOGO, FICÇÃO E FILOSOFIA

Platão divulga a sua filosofia primariamente através de diálogos. Hoje em dia, a forma quase unânime de filosofar é o texto dissertativo. Portanto, convém refletir um pouco sobre como ler filosofia em um diálogo. Uma possibilidade é alinhá-lo à tradição literária, já que a tragédia, expressão artística mais popular entre os atenienses do período clássico, coloca em cena personagens dialogando. Platão poderia, portanto, ter aproveitado a popularidade desse meio para divulgar o conteúdo de sua filosofia.

Se o diálogo equivale a uma peça teatral, ele oferece ao leitor a possibilidade de ver Sócrates em ação. No que concerne ao conhecimento de si, o diálogo ofereceria ao leitor uma imagem dele no papel dos interlocutores de Sócrates. O filósofo, por sua vez, funciona como um amigo professoral e crítico o bastante para expor as falhas dos interlocutores. Chegamos, portanto, ao uso do outro no conhecimento de si visto em Aristóteles e Galeno. Desse modo, um ateniense pode se enxergar espelhado no texto e identificar seus vícios e virtudes a fim de tentar se tornar alguém melhor. Nessa linha, Luciano, escrevendo bem mais tarde que Platão, defende a eficácia da ficção para o conhecimento de si. Em *A dança* [69], ele cita o caso de Lesbonax de Mitilene, um filósofo que considerava as peças de teatro "manuais práticos de filosofia". Para ele, quem vai ao teatro sai, a cada vez, uma pessoa melhor. Isso porque as obras fictícias apresentam exemplos de como agir e como não agir. No caso dos bons exemplos, elas mostrariam como agem as paixões sob o controle da razão, recorrendo a uma organização que lembra a imagem da alma no *Fedro*.

O Sócrates dos diálogos platônicos, no entanto, recusa o papel de detentor do saber e de professor. No *Teeteto* [148e], ele se diz uma parteira cujo papel é ajudar jovens grávidos de ideias a parir a sua prole, inclusive quando essas ideias vêm à luz natimortas. Faz parte da perplexidade de seus interlocutores descobrir que estavam errados sobre suas certezas e que endossam certas posições que supunham não endossar. É o que se chama de dramatização da razão. Esse tipo de interação oferece uma posição mais ambiciosa do que se espera da leitura mais comprometida de um diálogo platônico. Nessa interpretação, o que se espera do público é o que Sócrates espera de si e de seus interlocutores, a saber, utilizar o método de investigação apresentado para parir e alimentar, ou descartar, as próprias ideias.

No *Hípias Maior* [298b], encontramos uma metaencenação desse processo. Sócrates conta uma conversa crítica que tivera com uma pessoa, a princípio não nomeada. No entanto, à medida em que o relato se desenvolve, fica claro que tal pessoa não era outro senão o próprio Sócrates. O ponto central é que essa outra pessoa toma uma perspectiva oposta da hipótese inicial de Sócrates e, assim, oferece o contraponto crítico para refinar, e refutar, a hipótese inicial. Sócrates se transforma em um outro de si mesmo. Para usar a imagem de Esopo, ele adota uma postura autocrítica ao procurar a bolsa de contra-argumentos que escapa ao proponente de uma hipótese. No caso do conhecimento de si, o que se espera de um leitor filosófico de um diálogo de Platão é que aprenda a se tornar dois ou mais Sócrates de si mesmo. O método para isso é o *elenchos*, a refutação socrática.

CONHEÇA AS SUAS NORMAS EPISTÊMICAS

Expor o padrão estrutural de uma refutação socrática ajuda tanto a ler os diálogos quanto a deixar nosso Sócrates interno aflorar. Estruturar, é claro, implica certa simplificação. Nada substitui o contato direto e repetido com o texto, porém a estrutura serve de guia. O exame cruzado socrático tem cinco passos:

1) Sócrates propõe uma pergunta a um interlocutor. Em geral, a pergunta é sobre alguma virtude, e o interlocutor é especialista em uma atividade que requer a virtude em questão. 2) O interlocutor responde descrevendo o que lhe parece ser um caso daquela virtude. Por vezes, a resposta não passa de algo que os participantes aceitam como hipótese a fim de investigar as consequências. 3) Sócrates, sempre através de perguntas, extrai outras afirmações do interlocutor. 4) No acme da investigação, o filósofo mostra que essas afirmações contradizem a hipótese apresentada. 5) Sócrates, então, pergunta se o interlocutor quer revisar a resposta ou as outras afirmações. Em outros casos, ele declara ter provado que a resposta é falsa. Nos casos mais relevantes para o conhecimento de si, afirma que o interlocutor, ao contrário do que dissera, no fundo não acredita no que pensava acreditar.

Um exemplo ajuda a entender o processo. No *Górgias*, Polo declara que ele e todo ser humano preferem cometer injustiça a sofrer uma. Sócrates, no entanto, afirma que

nem ele, nem Polo, nem ninguém acredita nisso [474b].
Para provar, Sócrates pergunta se a injustiça é ruim. Polo
confirma. Os pontos seguintes do filósofo são: fazer algo
ruim torna o agente uma pessoa ruim e ser uma pessoa
ruim é ruim para si. Polo concorda. Como ninguém deseja algo ruim para si, Sócrates afirma que todos devem
concordar que é melhor sofrer injustiça do que cometer
uma. Caso contrário, eles estariam na pior situação psico-
lógica possível, isto é, a de discordar de si mesmos.

Discordar de si mesmo pode ser ilustrado pelas cem
cabeças de serpente de Tifão. Eis o estado interno de uma
pessoa que possui desejos, sentimentos e crenças conflitantes, ora desejando isso, ora aquilo. Infelizmente, esse é
o estado de todo ser humano, inclusive Sócrates. Se duas
crenças conflitam, uma delas deve ser verdadeira e a outra, falsa. Se temos crenças conflitantes, ora seguiremos a
verdadeira, ora a falsa. Quem age segundo crenças falsas
age contra o próprio interesse. Quem age contra o próprio
interesse consegue aquilo que não quer, isto é, algo ruim
para si. Chegamos, dessa forma, ao conhecimento de si
como conhecimento do que é realmente bom em oposição
ao que é aparentemente bom, como visto no *Cármides*.

Nesse sentido, o método de refutação socrática se torna
um método de conhecimento de si e de refinamento consciente das próprias crenças. O primeiro passo é reconhecer
as normas epistêmicas do discurso racional. Os participantes da discussão socrática aceitam que suas crenças devem
ser consistentes e embasadas em crenças que todos concordam ser básicas, como acreditar que a justiça é um bem,
no exemplo do *Górgias*. É preciso ainda se comprometer
a seguir as implicações lógicas de suas afirmações e aceitar as condições pelas quais uma crença acaba descredi-
tada, por exemplo, quando ela é inconsistente com uma
crença básica. Esse foi o caso do abandono da crença de
que seria justificado cometer uma injustiça para evitar sofrer uma injustiça no exemplo supracitado.

O processo não é simples nem indolor, mas é melhor do que viver discordando de si mesmo. No *Górgias* [478b], Platão compara a situação com o nosso receio de passar por uma intervenção cirúrgica. Ela será dolorosa, daí a nossa primeira reação em evitá-la. No entanto, uma análise do valor esperado mostra que é melhor se tratar do que viver doente a vida toda. A analogia não é perfeita porque o conhecimento de si não consiste em uma única intervenção. O processo é longo como lutar com uma fera interna de cem cabeças. Por isso, é preciso passar a vida a examinar as próprias crenças a fim de eliminar as que são contraditórias e se tornar um pouco menos incoerente do que antes. Eis o pano de fundo da afirmação de Sócrates na *Apologia* [38a] segundo a qual "uma vida não examinada não vale a pena viver".

AUTOCONHECIMENTO NO *ALCIBÍADES I*

Agora que temos uma compreensão mais panorâmica do "conhece-te a ti mesmo", incluindo os outros diálogos platônicos e as tradições que os antecedem e sucedem, podemos explorar o *Alcibíades I* com mais familiaridade. No diálogo, Sócrates encontra o jovem Alcibíades ansioso para começar a participar na vida política ateniense. Ele afirma possuir as qualidades necessárias para a tarefa e muito mais [104a]. A grandeza de sua pretensão pode ser medida pelo desejo de que sua influência abarque não só Atenas, mas toda a humanidade [105c].

Em vista de tamanha presunção, o jovem se qualifica como um contraexemplo paradigmático do "conhece-te a ti mesmo" no sentido de conhecer suas medidas e reconhecer seus defeitos. Vimos que, contra esse tipo comum de autoilusão, a tradição filosófica antiga aconselha uma comparação com os outros, tanto os semelhantes quanto os diferentes. Sócrates segue essa tradição e convida o jovem a pôr suas qualidades em perspectiva. Em uma comparação com o rei persa ou com a nobreza espartana, as posses e a educação que Alcibíades recebera seriam risíveis [123b].

Na sequência da reflexão, fica claro que a única possibilidade pela qual um ateniense poderia fazer frente aos persas e espartanos seria através do cuidado de si e da sensatez. Esses dois pontos serão centrais para o projeto de formação de Alcibíades sugerido por Sócrates. No diálogo, seria a rainha persa a reconhecer esses pontos. Isso condiz tanto com o papel do adversário no conhecimento de si revelado na conversa entre Creso e Ciro quanto com a associação da sensatez como uma virtude feminina. Por fim, a passagem também remete à associação da sensatez com o conhecimento de si no *Cármides*.

É nesse contexto que Sócrates apresenta a primeira de três ocorrências do ditado délfico no *Alcibíades I*: "E não te parece vergonhoso que as mulheres dos inimigos tenham uma melhor noção do que nós mesmos sobre o que precisamos ter a fim de atentar contra eles? Afortunado amigo, obedecendo a mim e ao ditado em Delfos, conhece-te a ti mesmo!" [124a].

Durante o elogio dos estrangeiros, Sócrates descreve a educação persa. O herdeiro do trono seria educado por quatro tutores, especialistas em cada uma das virtudes cardinais. Eles seriam, portanto, o mais sábio do reino, o mais justo, o mais sensato e o mais corajoso. Porém, como vimos, um tipo tradicional de tutoria não se aplica ao método socrático. Até mesmo o mais justo entre os humanos deve ter dúvidas e crenças contraditórias sobre os assuntos de justiça e, assim, não está livre de ter de passar a vida a examinar suas certezas. De maneira consistente, Sócrates recusa o papel de detentor de um conhecimento estabelecido quando deixa claro para Alcibíades que, qualquer que seja o exercício que o jovem precise realizar, o filósofo também precisará [124b]. O exame crítico das próprias crenças constitui, assim, um empreendimento coletivo entre quem afirma e quem questiona, inclusive quando é a mesma pessoa que alterna entre os dois papéis.

A ambição de Alcibíades é se tornar um político influente. Em vista de suas conexões familiares, beleza e inteligência, qualquer ateniense diria que ele está na iminência de realizá-lo. Sócrates discorda. Para ele, a informação relevante para estimar se o jovem está preparado depende da área do conhecimento que provê os fundamentos para a boa tomada de decisão política. Ambos concordam que os assuntos de justiça compõem a área em questão. Após algum debate, chegam a uma resposta recorrente nos diálogos de Platão: o conhecimento necessário consiste em saber o que é realmente bom e o que é ruim. O caso mais difícil é reconhecer que algumas coisas que nos parecem ser boas são, na verdade, ruins. A chave do conhecimento de si é corrigir essas falsas aparências.

Alcibíades garante que conhece os assuntos de justiça e sabe o que é bom ou ruim. Sócrates não partilha dessa certeza. Ele pergunta se o jovem se lembra de algum momento em que reconhecera não conhecer a justiça. Alcibíades nega, caracterizando, assim, a sua atitude como uma certeza que jamais fora examinada. Seja na sequência de ditos em Delfos, seja no método socrático, eis a receita para o fracasso: uma opinião que nunca foi examinada não é confiável [106d]. Alcibíades, então, tenta esquivar-se do problema dizendo que aprendeu o que é justiça com a comunidade. Afinal, ele fora criado no círculo das famílias influentes de Atenas e, por contato, teria absorvido a capacidade de distinguir acertadamente o bom do ruim. No entanto, como Sócrates se apressa em apontar, não há nada em que as pessoas discordem com mais veemência do que sobre assuntos de justiça. Se as pessoas discordam e Alcibíades aprendeu com elas, ele terá crenças, sentimentos e julgamentos conflitantes sobre o que é bom ou ruim. Daí os julgamentos sobre o justo ou o injusto não poderem simplesmente seguir a intuição ou o senso comum: é preciso desnudar os conceitos operantes em uma comunidade antes de adotar suas ideias e valores [132a]. Atitude essa que remete à atuação de Sócrates em Atenas descrita na *Apologia*. Como a crítica é realizada com elementos da moralidade e do senso comum, por alguém que faz parte da comunidade em questão, ela se caracteriza como um tipo de conhecimento autorreflexivo como o conhecimento de si.

Alcibíades, após a longa discussão, admitirá que precisa aprender os assuntos de justiça, o que é bom e o que é ruim [135e]. Essa busca por aprendizado caracteriza o conhecimento de si como cuidado de si [129a] — o cuidado fora um dos pontos notados pela rainha persa. Nos diálogos socráticos, esse cuidar de si é caracterizado pela busca e eliminação de contradições internas. Um tipo de conflito interno comum de alguém que integra uma comunidade é aquele entre o interesse pessoal e o coletivo, e Sócrates extrai esse tipo de conflito interno em Alcibíades [115b]. Este confirma que salvar um amigo ferido em campo de batalha é um ato louvável. Para ele, uma vida sem esse tipo de coragem não é digna de ser vivida. No entanto, Alcibíades também admite que um tal ato heroico seria ruim se levasse à morte do salvador. A elite ateniense aceitava ambos os comportamentos. Por conseguinte, Alcibíades poderia manter essas duas crenças conflitantes em sua atuação na cidade. Ademais, alternando entre elas quando lhe fosse mais conveniente, o rapaz poderia obter sucesso na vida política.

Para Sócrates, no entanto, esse tipo pragmático de sucesso político não serve de critério. É preciso perseguir a verdade da questão. Se ambas as atitudes são conflitantes, elas não podem ser verdadeiras. A busca por uma solução deixa claro o papel do diálogo aberto seguindo normas epistêmicas na reflexão ética. Nem Alcibíades, nem ninguém, estaria pronto a admitir abertamente que, estando na posição de ferido ele acha que os outros devem se arriscar para lhe salvar ao passo que, na posição de ajudar, o mais vantajoso é abandonar os aliados. Se as opções se contradizem, uma deve ser abandonada. Certos interlocutores de Sócrates até tentam defender uma posição egoísta de que o justo é cada um defender o seu interesse; contudo, em uma performance pública, ambos os lados da discussão devem chegar a um consenso aberto para solucionar o debate. Nesse cenário, fica claro que a opção que vai prevalecer será a que defende os interesses coletivos. Esse tipo de busca revela que o que parece bom para si, quando examinado em público, não é consistente com o efetivamente bom (para todos), e o último prevalece.

O argumento que subjaz a esse tipo de performance é engenhoso o bastante para merecer um parágrafo extra. Segundo Sócrates, todos aceitariam que o conhecimento de si é o conhecimento do que é bom para si. Conhecimento é sempre conhecimento da verdade. Não faz sentido que a verdade seja a verdade para cada um. Portanto, não faz sentido que o que é bom para si seja o que é bom para cada um. Daí a conclusão de que quem busca o que é bom para si está buscando o que é bom *simplesmente*, ou seja, o que é bom para si e válido para todos. É isso que a busca realizada em uma performance pública promove. O conhecimento do que é bom para si como cuidado de si se torna o cuidado de todos. Consistentemente, Sócrates associa o conhecimento do que é bom para si ao que é bom para a cidade. Se Alcibíades quer ser um bom político, deve adquirir esse conhecimento [134c].

No *Alcibíades I*, a tarefa para encontrar o objeto do conhecimento de si passa por várias etapas. Primeiro, Sócrates desenvolve uma hierarquia em três níveis que distingue a alma, o corpo e as posses. O exemplo dos sapatos ilustra a relação entre esses três âmbitos [128a]. Os sapatos representam as posses, os pés, o corpo, e a alma, aquilo que comanda os pés. Os três âmbitos estão relacionados. Sapatos são produzidos para proteger os pés; precisamos dos pés para nos locomover; a locomoção nos permite conseguir o que quisermos. A hierarquia triádica possibilita distinguir três tipos de vida.

Quem passa a vida em busca de riquezas valoriza mais as posses do que o corpo, caracterizando uma vida circular. As posses, que seriam um instrumento para se alcançar um fim, acabam por se tornar o próprio fim. Desenvolvendo o exemplo, podemos pensar em uma vida a gastar os sapatos para adquirir melhores sapatos.

Por outro lado, quem, como Alcibíades, estabelece os interesses pessoais à frente dos amigos e da cidade, valoriza mais o corpo do que a alma. A vida se transforma em uma corrida para satisfazer os prazeres corpóreos individuais sem se importar com os outros. Segundo Platão, o problema desse tipo de vida é assumir que o que parece ser bom para o indivíduo, ou seja, os prazeres individuais, seja o verdadeiramente bom.

No *Alcibíades I*, Sócrates indica que ambos os comportamentos mencionados implicam um erro de atribuição de prioridade. O cuidado de si não é o cuidado das posses ou dos desejos corpóreos. Cuidar de si é cuidado daquilo que delibera para determinar as ações do corpo e os usos das posses — para ele, a alma. Essa concepção pode facilmente cair em uma leitura dualista em que a alma é um objeto do conhecimento independente do corpo. E, como vimos no *Fedro* e na interpretação dos neoplatônicos, existem passagens em Platão que apontam essa leitura. Até mesmo no *Alcibíades I*, Sócrates examina e abandona a hipótese de que o objeto do conhecimento seja o composto corpo-alma. No entanto, a discussão no diálogo contempla esses três âmbitos de maneira relacionada, ainda que hierarquizada e com clara prioridade da alma.

A investigação de crenças vista anteriormente fornece um modelo determinado para pensar essa integração baseada na prioridade da alma. Afinal, os desejos do corpo e as posses podem ser integrados ao grupo de crenças do qual se busca eliminar as contradições. A vida examinada não pode ocorrer sem considerar desejos, emoções, opiniões, crenças e todo tipo de estado interno, inclusive aqueles relacionados às posses. A prioridade, porém, pertence à alma, pois é ela que consegue refletir conjuntamente sobre os outros âmbitos a fim de encontrar conflitos internos.

Contudo, examinar as próprias crenças e opiniões não é uma tarefa fácil. Se uma crença ou opinião é um estado interno, ela caracteriza uma atitude positiva em relação a uma afirmação. Como tal, uma crença não pode duvidar de si mesma, já que seria impossível ter uma atitude negativa em relação a uma atitude positiva, assim como é impossível sentir e não sentir medo ao mesmo tempo. No *Alcibíades I*, Sócrates recorre à analogia do olho para pensar a questão.

Um olho não pode ver a si mesmo, de modo que, para se ver, ele precisa recorrer ao reflexo. No caso do conhecimento de si, é a razão que, para pensar a si mesma, deve ir além da introspecção. Um meio de fazer isso é através da reflexão conjunta, como acontece no método socrático. No *Alcibíades I*, Sócrates nota que sua alma e a de Alcibíades se conectam através da discussão [133d]. Surge a concepção do conhecimento de si em diálogo — no entanto, é preciso evitar a tendência de idealizar essa conexão entre almas, pois o que é encenado no *Alcibíades I* e nos outros diálogos é um processo desconfortável que consiste na busca e na resolução de contradições internas através da discussão.

A introspecção leva até o si de cada indivíduo, cujos desejos criam a aparência de que o que é bom para si é diferente do que é bom para os outros. Alcibíades, ao preferir fugir em segurança a salvar o amigo, e Polo, quando prefere cometer uma injustiça em vantagem própria, operam nesse nível. Em oposição ao si de cada um, temos o si em si, associado à busca do que é realmente bom e não do que parece ser bom para cada um [129b]. Para Platão, não faz sentido pensar no que é verdade para mim porque a verdade é independente do ponto de vista individual. Do mesmo modo, quando procuramos a verdade sobre o que é bom, não faz sentido pensar no que é bom para cada um. O que devemos fazer na busca pela verdade é pensar o que é bom e, assim, descobrir o que é bom para si. Um meio de fazê-lo é através da conexão entre almas encenada como um autoexame aberto de crenças, desejos e ações. Nesse contexto, a parte racional da alma que busca pela verdade é chamada de divina [133c]. O divino funcionaria, portanto, como um recurso de abstração para defender a impessoalidade necessária à busca daquilo que é realmente bom em oposição ao que parece ser bom para cada um.

O conhecimento de si é individual na medida em que as pessoas terão diferentes crenças a partir de diferentes experiências, desejos e aspirações. No entanto, o que é bom é o mesmo para todos. Em um cenário ideal seguindo uma capacidade de abstração divina, todos chegarão ao mesmo resultado. Entretanto, isso talvez seja impossível para os humanos. Resta, então, a vida caracterizada pelo exame contínuo de crenças em busca de incoerências. O exame público de crenças realizado por dois interlocutores, ainda que começando pela opinião individual de um deles, vai sempre apontar uma incoerência que ambos concordarão ser problemática. Ademais, se ambos seguirem as normas epistêmicas da razão, terão de abandonar alguma dessas crenças. Uma vez que os dois lados hão de concordar sobre qual crença devem abandonar, é possível supor que abandonem a crença que se baseia no que parece bom para cada um em oposição ao bem de todos. Uma pessoa pode ser da opinião de que ela pode cometer uma injustiça para tirar alguma vantagem. Todavia, um grupo de pessoas que se examina em praça pública não pode defender essa opinião, dado que ela implica aceitar que uns cometam injustiças contra os outros. Eis a força do método socrático que utiliza as noções morais aceitas pelo senso comum de uma comunidade para problematizar e refinar, autocriticamente, os comportamentos prevalentes em tal sociedade.

De maneira consistente, Sócrates deixa claro que ao bom político não basta conhecer o que é realmente bom e válido para todos, mas também propiciar aos cidadãos a oportunidade de conhecer o que é realmente bom [134b]. Na *República*, Platão propõe um sistema complexo de educação pública para realizar esse objetivo. No *Alcibíades I*, a performance encenada opera de baixo para cima. É através do exame cruzado das crenças e comportamentos comuns que os cidadãos devem identificar as contradições internas e, aos poucos, melhorar a harmonia coletiva da cidade.

CONCLUSÃO

Diferentemente do uso tradicional, o conhecimento de si no *Alcibíades I* não se restringe ao reconhecimento de suas limitações. Entretanto, ele tampouco vai além das medidas humanas até o reconhecimento do deus interno como no caso do neoplatonismo. O que temos no *Alcibíades I* é uma versão complexa em que ultrapassar as limitações depende de se conectar com outros seres humanos e engajar em um exame autocrítico coletivo. Porém, o contato com um texto antigo requer ainda mais um passo do leitor contemporâneo. Precisamos reconhecer as preconcepções que temos de um determinado objeto de investigação e, de maneira consciente, evitar atribuí-las aos antigos. Essa talvez seja a maior justificativa para continuarmos lidando com textos tão antigos. Eles se mantêm como reservatórios de posições que nos oferecem a possibilidade de sair das preconcepções do nosso tempo, cujo transcorrer sequer percebemos.

O senso comum geralmente opera com noções vagas compostas de várias concepções diferentes. A noção do eu interior, o si ou *self* na cultura ocidental atual é composta de, pelo menos, três abordagens diferentes. A mais influente delas advém do início da filosofia moderna e do romantismo. Trata-se de uma abordagem subjetivista do eu caracterizada por uma concepção individualista, quase solipsista, em que cada pessoa é um lugar único de estados internos irrepetíveis e inacessíveis aos outros. Desejos, vontades, pensamentos e outros estados internos ocorrem de maneira única em cada um. A linguagem fornece um meio sempre insuficiente para comunicar essa experiência única da realidade. Nessa concepção, ampla o bastante para abarcar várias posições, de Descartes a Nietzsche, de Goethe a Pessoa, esse ser único ao qual cada sujeito do discurso tem acesso único é o objeto do autoconhecimento. A identificação desse eu interior consiste em um exercício de introspecção em busca de sua visão autêntica de mundo.

Essa postura ainda faz parte do imaginário popular, mas outras abordagens foram integradas à noção contemporânea do eu. Uma posição derivada que ficou conhecida na formulação de Harry Frankfurt concebe o si como uma hierarquia de estados internos de primeira e segunda ordens. Um estado interno de primeira ordem é um sentimento irrefletido, como sentir medo. Um estado interno de segunda ordem é uma crença sobre um estado interno. Quem sente medo de avião, mas determina que não deve ceder a esse sentimento, segue uma crença de segunda ordem, uma vez que ela opera sobre um estado de primeira ordem. O exemplo mostra que os estados de primeira e segunda ordens podem ser conflitantes. É possível definir essa leitura como pós-cartesiana, na medida em que ainda garante a prioridade do eu a um estado interior e subjetivo.

Uma terceira opção que ultimamente vem ganhando atenção advém da aplicação do método científico para o conhecimento de si. Como o método científico não reconhece um valor especial à subjetividade, essa leitura é mais objetiva do que as duas anteriores. Nesse caso, o objeto do conhecimento será alcançado por um exame impessoal de ações, comportamentos e reações humanas.

O processo e o objeto do conhecimento de si no *Alcibíades I* podem ser aproximados de cada uma dessas abordagens, mas são claramente distintos de todas elas. A principal diferença é a ausência da subjetividade. Desde há muito, os pesquisadores modernos dos textos antigos notaram essa diferença. No caso de Platão, por exemplo, Sócrates não demonstra nenhum problema ao afirmar que o próprio interlocutor não acredita no que diz acreditar. Essa atitude evidencia que a disputa sobre a verdade de um estado interno não pode ser decidida pela introspecção, seja ele de primeira ordem, seja de segunda. Pelo contrário, o que vemos encenado é uma busca objetiva pela verdade cujos resultados podem ser acessados e comunicados a partir de um diálogo aberto.

No que concerne à abordagem mais objetiva, portanto, o tratamento de Platão se aproxima da versão mais recente do conhecimento de si. Contudo, enquanto os filósofos de hoje se valem do método científico para alcançar essa objetividade, Platão propõe uma discussão conjunta em busca de incoerências internas, guiado por certas normas epistêmicas. Na medida em que o discordar de si é possível e deve ser remediado através de um exame racional, a posição se aproxima da hierarquização entre estados internos de primeira e segunda ordens. No entanto, em Platão não há o privilégio introspectivo do sujeito que examina as próprias crenças. Afinal, o debate é caracterizado por uma performance pública, de modo a atribuir mais força àquelas posições com as quais todos os envolvidos concordem. Desse modo, Platão fornece um método de conhecimento de si seguindo um critério objetivo que não tem par na discussão contemporânea. O leitor do *Alcibíades I* que tiver cuidado e coragem adquire, assim, a possibilidade de problematizar as suas certezas e comportamentos a fim de se tornar um ser mais coerente.

LEITURA COMPLEMENTAR

CASSAM, Quassim. *Self-Knowledge for Humans*. Oxford: Oxford University Press, 2014. Esse é um bom exemplo do autoconhecimento tratado contemporaneamente.

GILL, Cristopher. "Self-Knowledge in the Alcibiades". In: STERN-GILLET, Suzanne; CORRIGAN, Kevin (Eds.). *Reading Ancient Texts. Volume I: Presocratics and Plato: Essays in Honour of Denis O'Brien*. Leiden/Boston: Brill, 2007. pp. 97-112. Gill trata da formação do si através do diálogo.

KAMTEMKAR, Roxanne. "Self-Knowledge in Plato". In: RENZ, Ursula (Ed.). *Self-Knowledge: A History*. Oxford: Oxford University Press, 2017. pp. 25-43. Kamtemkar desenvolve os passos do exame socrático em relação ao autoconhecimento.

LEIGH, Fiona. "Self-Knowledge, Elenchus and Authority in Early Plato". *Phronesis*, v. 65, n. 3, pp. 247-80, 2020. Leigh desenvolve o conhecimento de si como conhecimento de suas normas epistêmicas.

MCCABE, Mary. *Plato and His Predecessors: The Dramatisation of Reason*. Cambridge: Cambridge University Press, 2000. Para a dramatização da razão em Platão.

REMES, Pauliina. "Reason to Care: The Object and Structure of Self-Knowledge in the Alcibiades I". *Apeiron*, v. 46, n. 3, pp. 270-301, 2013. Remes aponta como o objeto do conhecimento de si deve ser discutido à luz do pano de fundo social e interpessoal.

RORTY, Amélie Oksenberg (Ed.). *The Identities of Persons*. Oakland: University of California Press, 1976. Na apresentação, Rorty trata do desenvolvimento histórico do eu subjetivo.

WILKINS, Eliza Gregory. *The Delphic Maxims in Literature*. Whitesfish: Literary Licensing LLC, 1929. Wilkins oferece um compêndio e análise das ocorrências do "conhece-te a ti mesmo" na filosofia e na literatura antigas.

Introdução

Autoconhecimento nos primeiros diálogos de Platão[1]

JULIA ANNAS

O título "Autoconhecimento nos primeiros diálogos de Platão" talvez sugira um tópico bastante limitado. Isso porque, dentro do que é aceito como corpus platônico, Platão só trata de autoconhecimento uma vez, no *Cármides*, e outra numa discussão que é em si mesma desconcertante, que parece marginal se comparada às preocupações principais de Platão e que, filosoficamente, dá a impressão de surgir do nada.

Neste texto, vou fazer, e em certa medida pôr em prática, a sugestão de que o isolamento e a estranheza aparentes da discussão no *Cármides* desaparecem quando recuperamos a perspectiva que os antigos tinham sobre Platão, o que fazemos retomando uma visão mais ampla do corpus platônico. Vou assumir e tratar como platônicos dois diálogos que hoje em dia não são considerados de Platão: o *Amantes* (*Erastae*; ou *Rivais* [*Anterastae*]) e o *Alcibíades I* (ou *Maior*). (Há outro diálogo, definitivamente não platônico, chamado *Alcibíades II* [ou *Menor*]; como nada tenho a dizer a seu respeito, vou referir-me ao texto mais longo simplesmente por *Alcibíades*.) Se consideramos esses diálogos genuínos — é o meu argumento —, podemos aprofundar nossa interpretação filosófica de ambos e de algumas das outras obras de Platão; e ainda aprender algo sobre alguns aspectos do complexo conceito de autoconhecimento.

Não vou argumentar diretamente que os dois diálogos são realmente de Platão, em parte porque seria enfadonho, mas, sobretudo, porque seria um equívoco. Fazê-lo significaria seguir o pressuposto comum de que a balança da prova pende contra esses diálogos, de modo que o ônus da prova recai sobre quem queira tratá-los como autênticos. Mas mesmo um exame superficial do estudo acadêmico desses diálogos mostra que não é razoável partir de tal pressuposto.

Amantes é uma obra curta e breve, que não tem indícios decisivos nem contra sua autenticidade, nem em favor dela. Um dos editores de Platão na Antiguidade tinha dúvidas a seu respeito, mas não sabemos quais eram seus argumentos.[2] Há tantos diálogos curtos que apareceram sob o nome de Platão: alguns — como *Axíoco*, que contém uma discussão epicurista — não podem ser de Platão;[3] outros, como *Eutífron*, jamais levantaram dúvidas sérias; outros ainda, como *Amantes* e *Hiparco*, ocupam uma área cinzenta (embora convenha notar que os filósofos são mais céticos com relação a eles do que, por exemplo, os historiadores antigos).[4] A tese deste texto, espero, tornará plausível a hipótese de que *Amantes* seja uma das primeiras obras de Platão, mas não pretendo argumentar além disso, nem vejo como seria possível fazê-lo.[5] O *Alcibíades* é um caso diferente e mais surpreendente. Trata-se de uma obra famosa ao longo de toda a Antiguidade, citada[6] e retomada em várias obras literárias.[7] Cícero, entre outros, recorda as duas passagens mais marcantes desse texto.[8] Como seria de esperar, eram bastante conhecidas dos filósofos da tradição platônica.[9] Os filósofos do Médio Platonismo lhe davam destaque, e alguns, inclusive Albino, fizeram dele o diálogo de abertura de um curso sobre a filosofia de Platão[10] — estabelecendo-o na posição em que nós, hoje, com a nossa visão bastante distinta de Platão, inserimos *Eutífron*. Os neoplatônicos seguiram o Médio Platonismo, sobretudo por Plotino repercutir a obra.[11]

Muitos neoplatônicos tardios escreveram comentários sobre o *Alcibíades*, tendo chegado a nós os de Olimpiodoro e, em parte, os de Proclo. Jâmblico seguiu a tradição de estabelecer o *Alcibíades* em primeiro lugar na ordem de leitura dos dez principais diálogos de Platão; todos os desdobramentos deles, dizia, poderiam ser encontrados nessa obra "como que numa semente".[12] Olimpiodoro também o considerava a melhor introdução à filosofia de Platão; comparou-o ao Propileu ou entrada de um santuário (do qual o ádito ou santo dos santos, por acaso, era o *Parmênides*).[13] Ninguém considerou o *Alcibíades* uma obra duvidosa até Schleiermacher, no século XIX, decidir que se tratava de uma obra "insignificante e pobre" demais para ser de Platão.[14] Quando se trata de demonstrar que uma obra com semelhantes credenciais não é mesmo de Platão, o esperado é que sejam apresentados indícios de autenticidade claros, inconfundíveis e independentes de qualquer desejo da parte do estudioso. Mas quando examinamos os argumentos levantados contra o *Alcibíades*, vemos que as objeções específicas — contra a linguagem,[15] os supostos anacronismos e congêneres[16] — são parcas, débeis, e, no geral, nada chega a ser dado como conclusivo.[17] As objeções reais são duas. Uma é estética: os acadêmicos acharam o estilo monótono e a caracterização fraca. Contudo, ainda que concordemos, isso dificilmente prova que o diálogo não possa ser de Platão, a não ser que consideremos uma verdade a priori que o estilo de Platão nunca é monótono, o que nos levaria, por coerência, a duvidar de longos trechos do *Filebo* e do *Político*, para não falarmos de *Leis*. A outra objeção é filosófica: os estudiosos argumentam que não podemos atribuir coerentemente as ideias no *Alcibíades* a Platão. Neste ponto, encontramos bastante confusão, mas também uma preocupação séria. A confusão se expressa num tipo curioso de raciocínio, que parece saído de *Ardil-22*, em que o diálogo não tem nenhuma chance de vencer. Algumas ideias e discussões possuem paralelos

evidentes com outras obras de Platão[18] e são usadas para
provar que o diálogo, nas palavras de Heidel, é "platônico demais" para ser de Platão. O *Alcibíades*, contudo,
também contém passagens de grande originalidade, sem
paralelos com qualquer outro diálogo, e são usadas para
provar que o diálogo é não platônico demais para ser de
Platão. *Tanto* as semelhanças *como* as diferenças com relação ao resto do corpus platônico provam que ele não é
autêntico. Com essas regras, é fácil provar que o diálogo
não é autêntico. Com regras mais justas, porém, praticamente toda a argumentação em favor da inautenticidade
cai por terra. Mas as objeções confusas ocultam com frequência uma preocupação séria. Filosoficamente, muitos
consideram o *Alcibíades* uma bagunça; parece consistir
numa série de trechos desconexos sem nenhum tema óbvio
que os organize. A intenção deste texto é ser o começo de
uma tentativa de encontrar esse tema unificante no conceito de autoconhecimento.

Quando uma obra não faz parte do cânone estabelecido, chegamos mesmo a achar, numa primeira leitura, que
ela não soa platônica, pois nossas ideias do que é "platônico" vêm da leitura do que é aceito como cânone. A
circularidade aqui é bastante óbvia, mas é possível romper
um pouco esse círculo.[19] A melhor maneira de começar
é, penso eu, pressupor, como heurística, que o *Alcibíades*
e o *Amantes* de fato *são* de Platão e ver aonde isso nos
conduz. Se o exercício esclarecer temas do corpus platônico — e a minha tese é de que esclarece —, temos um
motivo para levar a sério a ideia de que Platão escreveu
essas duas obras. Porque apenas frente a uma série de tentativas semelhantes, e de avaliação crítica de cada uma, é
que conseguimos avançar na compreensão de uma obra
importante como o *Alcibíades*. Só então, e não antes, será
a hora de julgarmos se ele é ou não é "digno" de Platão.

O *Alcibíades* começa [123d] com um confronto dramático entre Sócrates e Alcibíades, este, então, com 21 anos,
prestes a sair a público para iniciar uma carreira política
[105a-b]. De maneira semelhante a muitos dos primeiros
diálogos, Sócrates desbarata a arrogância do jovem ao lhe
mostrar que ele se propõe a ensinar aos outros assuntos
nos quais é totalmente ignorante. Porque [106c-107a] os
assuntos que ele aprendeu na escola, e portanto conhece,
são irrelevantes para a política, ao passo que [107b-108e]
o povo, em assuntos específicos, não precisa das opiniões
amadoras dele, mas as de um especialista. Alcibíades
acha que pode guiar os atenienses àquilo que é "melhor"
no geral; Sócrates o leva a igualar "melhor" com "mais
justo",[20] para, em seguida, mostrar-lhe que ele não faz a
menor ideia do que sejam justiça e injustiça [109e-113c].
A confiança do jovem nos juízos intuitivos que ele captou
do seu ambiente não tem base, pois as pessoas discordam
sobre o que é justo, e Alcibíades não possui nenhuma espécie de explicação mais profunda que lhe permita resolver essas discordâncias.[21]

Alcibíades tenta, então, descolar-se do problema [113a]
replicando que as pessoas, na verdade, nunca discutem sobre o que é justo ou não (elas julgam isso óbvio), mas, sim,
sobre o que é prudente ou lucrativo. Depois de mostrar,
sem muita delicadeza, que Alcibíades tem tantas condições de falar sobre prudência quanto tinha para falar de
justiça [113d-114b], Sócrates lhe mostra, com uma argumentação semelhante à que vemos no *Górgias*,[22] que ele é
incapaz de justificar sua crença de sentido comum de que
justiça é diferente de conveniência [114b-116e]. Alcibíades
é movido a reconhecer a própria ignorância, apesar de
presumir conhecimento [116e-119a], mas anima a si mesmo pensando que, ao menos, sua ignorância não é pior
do que a dos outros políticos atenienses e que ele provavelmente obterá êxito por ter vantagens naturais muito
superiores às deles [119b]. Sócrates, numa longa fala, o

insta, de maneira áspera, a comparar-se, antes, com os
governantes de Esparta e da Pérsia, cujos recursos e poderes detalha [119c-124b]. Nesse ponto, Alcibíades, enfim,
desmorona e admite que Sócrates está certo; e, pelo resto do diálogo, ambos cooperam para ajudar Alcibíades a
"cuidar" (ἐπιμελεῖν) de melhorar seu estado lamentável.

Até aqui, vimos um padrão similar a outros diálogos
da juventude, mas existem alguns traços marcantes pecu-
liares ao *Alcibíades*. Primeiramente, por que Alcibíades
é censurado por ignorar o que acontece em Esparta e na
Pérsia? Sócrates demonstrou, como sempre, que seu interlocutor é "ignorante" por carecer de qualquer sustenta-
ção intelectual para seus juízos intuitivos sobre assuntos
importantes; ainda que esses juízos estejam certos, ele é
incapaz de defendê-los por ser incapaz de articular as razões adequadas para isso. Trata-se de uma "ignorância"
de tipo bem peculiar; nada tem a ver com a ignorância
corriqueira de um fato, e Sócrates não costuma interessar-
-se em saber se seus interlocutores são pessoas bem infor-
madas.[23] Em segundo lugar, assim que Alcibíades admite que precisa aprender, voltamos abruptamente ao tema
da política, e um dilema inesperado é atirado contra nós
[124d-127d]. Alcibíades deseja a excelência no "bom conselho" (εὐβουλία), a capacidade geral de organizar e gerir
assuntos próprios e alheios. Obtê-la requer saber qual é a
base do bom governo e da boa organização do Estado. Ele
faz a sugestão promissora de que é a amizade (φιλία) compreendida como unanimidade e concórdia (ὁμονοία) entre
os cidadãos;[24] e concede que isso ocorrerá quando todos
os cidadãos "fizerem o que lhes é próprio" [127b].[25] Sur-
preendentemente, Sócrates replica que esses dois conceitos
são, na verdade, conflitantes: pois enquanto as pessoas fizerem *o que lhes é próprio*, não têm base para concordar
com os outros. Alcibíades concorda relutante, e sua sugestão faz água, mas o leitor fica se perguntando por quê. A
afirmação de Sócrates aqui se baseia num pressuposto que

seus próprios exemplos mostram estar errado: de que conhecer o que é próprio a você *exclui* conhecer o suficiente do que é próprio aos outros a fim de chegar a um acordo nas preocupações comuns. A unanimidade entre marido e mulher, por exemplo, é impossível, e portanto a amizade, já que as tarefas da mulher não têm nada em comum com as do homem. É uma visão pessimista mesmo para a Atenas antiga; a conclusão é, de fato, ultrajante, e é difícil crer que Sócrates realmente a leve a sério. Com perspectiva, não podemos deixar de pensar na maneira como a harmonia social e o "fazer o que é próprio a cada um" são combinados na *República*; mas não temos segurança para ler qualquer ideia dessas aqui. Antes, é melhor tomar a afirmação de Sócrates aqui não como uma conclusão, mas como forma de sinalizar a exigência de que Alcibíades (e talvez o próprio Sócrates — não nos é possível determinar) examine melhor o conceito de harmonia política e o de "fazer o que lhe é próprio", e a sua relação. Dessa maneira, a exigência se torna razoável, mas o que faz aqui?

Em terceiro lugar, na última seção do diálogo, quando Alcibíades, por fim, recebe orientações positivas sobre como "cuidar de si", recebe também a sugestão surpreendente de que deveria buscar o "autoconhecimento", de que deveria obedecer ao mandato de Apolo: "Conhece-te a ti mesmo" [129a]. O tema do autoconhecimento é desenvolvido de maneiras às quais retornaremos, mas, por ora, devemos notar que não parece nem um pouco claro o motivo de o *auto*conhecimento ser a resposta aos problemas de Alcibíades. Ele e nós podemos concordar que, a essa altura, ele já se mostrou bem ignorante; mas, diante do que vimos na primeira e negativa parte do diálogo, não pareceria mais adequado que ele procurasse esclarecer os conceitos de justiça e prudência mediante a prática da dialética socrática — isso sem falar em aprender um pouco da história de Esparta e da Pérsia? Como o *auto*conhecimento pode ajudá-lo?

Essas três características desconcertantes são, em grande medida, responsáveis pela tendência de os estudiosos dos séculos xix e xx não considerarem o *Alcibíades* platônico. As três são problemáticas em si mesmas e em sua aparente falta de coesão interna; o diálogo parece desfazer-se numa série de episódios desconexos. De fato, é o autoconhecimento que fornece a chave para ler no diálogo um patamar de unidade filosófica maior do que se costuma pensar. Mas o autoconhecimento não é um conceito com uma clareza intuitiva, e pode ser útil chegar a ele primeiro através da afirmação, que aparece duas vezes no diálogo, de que o autoconhecimento é a virtude da *sōphrosune* [131b, 133c]. Diante dessa afirmação (não argumentada), a reflexão sobre a *sōphrosune* pode ajudar-nos a compreender o papel do autoconhecimento.

Sōphrosune é a qualidade que os gregos reconheciam como virtude — e que, de fato, depois da *República* de Platão, passou a ser tratada como uma das "quatro virtudes cardeais" —, mas temos notória dificuldade em especificar, nos nossos termos, o que *é* essa virtude. Com frequência, é traduzida por "temperança" ou "moderação", mas essas palavras captam apenas um aspecto da virtude; já foi sugerido que a expressão "bom senso" seria mais adequada.[26]

O ótimo estudo de Helen North deixa claro que, pelo menos até a época de Platão, a *sōphrosune* era considerada uma qualidade única que abrangia uma área que nós dividiríamos entre dois conceitos bastante distintos. Um é o de autoconhecimento; o outro, o de *autocontrole*, entendido como controle sobre os próprios desejos, capacidade de refrear ou suprimir os impulsos imediatos em favor dos próprios planos racionais. Parece claro que, na linguagem cotidiana, a *sōphrosune* era usada de uma maneira que tende a nos parecer indeterminada: usada para o que chamaríamos de autoconhecimento e para o que chamaríamos de autocontrole, sem muita reflexão sobre o que dava unidade ao conceito. (A verdade é que esse problema mal parece ter incomodado os gregos: somos nós que temos problemas em articular a possível base para unificar o conceito.)

Os filósofos que usam o conceito de maneira mais refletida tendem a enfatizar um ou outro aspecto — autocontrole ou autoconhecimento —, e parece evidente que o uso cotidiano era capaz de abarcar isso sem nenhum trauma.[27] De fato, vemos o próprio Platão, em diferentes contextos, desenvolver ambos os aspectos. Assim, no *Górgias* [491d], pedem a Sócrates que explique o conceito de "domínio de si", ao que ele responde: "Nada complicado, apenas o que a maior parte das pessoas entende: ser *sōphrōn* e *ter controle sobre* si, os próprios prazeres e desejos".[28] Contudo, Platão também afirma no *Timeu* [72a] que "disse bem quem disse outrora que compete apenas ao *sōphrōn* fazer o que lhe é próprio e conhecer seus próprios assuntos e a si mesmo"; e, no *Sofista*, encontramos simplesmente [230d] a afirmação de que "o melhor e mais *sōphrōn* estado deve ser purificado da ignorância pela refutação".[29] Assim, tanto o autocontrole como o autoconhecimento são interpretações intuitivamente aceitáveis de *sōphrosune*, e ambos estão à disposição do filósofo que queira analisar o conceito. Não é, portanto, chocante ou bizarro encontrar, como encontramos no *Alcibíades* [131b, 133c], no *Amantes* [138a] e no *Cármides* [164c-165b], a sugestão de que a *sōphrosune* é autoconhecimento; é uma interpretação tão intuitiva da *sōphrosune* quanto a do autocontrole. (Obviamente, esse já não é o caso à época da *Ética a Nicômaco* de Aristóteles.)

Ainda assim, não podemos avançar enquanto não examinarmos dois pontos mais de perto: qual é o status da afirmação de que autoconhecimento é *sōphrosune* (e, claro, da afirmação de que *sōphrosune* é autoconhecimento)? E que tipo de autoconhecimento está em questão aqui?

A afirmação de que autoconhecimento é *sōphrosune*, penso eu, é exatamente o que parece: a afirmação de uma identidade. (E, portanto, não difere da afirmação de que *sōphrosune* é autoconhecimento.) Assemelha-se a outras afirmações de identidade que soam implausíveis nos primeiros diálogos, como a de que todas as virtudes são, na verdade, uma: não se trata de uma afirmação de uma identidade de significado, pois Platão tem plena consciência de que o uso das palavras "autoconhecimento" e *"sōphrosune"* é diferente, de modo que a afirmação de que *sōphrosune* é autoconhecimento soa paradoxal. Apesar disso, Platão acredita que ambas as palavras se referem ao mesmo item; para nós, aqui, esse item será apenas um estado do agente. O estado que torna verdade a afirmação — o agente possuir a importante virtude da *sōphrosune* — será simplesmente o estado de um agente com autoconhecimento. Isso não nega a existência, ou relevância, do autocontrole, mas, sim, a torna secundária quando se considera a posse da virtude por alguém; pois o autocontrole não será o que a virtude é, mas uma consequência de sua posse. As ações que chamamos de autocontroladas são motivadas, e explicadas, pela virtude da *sōphrosune*, mas não é nelas que a virtude consiste; ela consiste no autoconhecimento. É muito natural que formulemos a questão em termos de essência: a visão socrática, nesse caso, será a de que a *sōphrosune* é essencialmente autoconhecimento, ao passo que o autocontrole estará entre as manifestações desse estado na ação, mas não será essencialmente esse estado.[30]

É fácil ver por que a interpretação da *sōphrosune* como autoconhecimento é mais conveniente a Sócrates (e mesmo a outros intelectuais, como Crítias) do que a interpretação como autocontrole. Pois, uma vez que se vai além da mera aceitação do fato de que a *sōphrosune* abrange esses dois fenômenos e se começa a questionar qual deles seria o principal (o que é questionar-se pelo que a *sōphrosune é de verdade*), fica muito mais plausível enxergar o autocontrole como um fenômeno comportamental explicável pelo estado de autoconhecimento do agente do que enxergar o autoconhecimento como um fenômeno comportamental explicável pelo estado de autocontrole do agente.[31] O motivo de isso ser assim é um fato profundo e intrigante, que, em última análise, pode ser questionado (por que a essência de uma virtude *deve* residir mais no conhecimento do que no comportamento?), mas é uma escolha que salta aos olhos. E a afirmação socrática de que a *sōphrosune* é autoconhecimento pode facilmente ser considerada o tipo de afirmação que uma pessoa refletida logo faria perante a questão da interpretação dos usos do termo "*sōphrosune*".

Mas que autoconhecimento é esse? Uma forma que ele *não* assume é a da preocupação moderna com o autoconhecimento enquanto conhecimento da personalidade individual. Tendemos a tomar essa definição como paradigma do autoconhecimento e, então, pensar que um conhecimento mais profundo de si mesmo pode ser obtido por meios como a reflexão sobre atitudes passadas ou técnicas como a psicanálise. Mas é evidente que, no mundo antigo, a personalidade individual não era, a esse respeito, o eu relevante a ser conhecido.[32] O relevante é conhecer a mim mesmo no sentido de conhecer meu lugar na sociedade, conhecer quem sou e onde estou com relação aos outros.[33] O autoconhecimento que é *sōphrosune* nada tem a ver com meu subconsciente e tudo tem a ver com o que F. H. Bradley chamou de "minha condição e seus deveres". Conseguimos ver isso com bastante clareza no vínculo que tanto Alcibíades, no *Alcibíades*, como Crítias, no *Cármides*, estabelecem entre *sōphrosune* e cada um "fazer o que lhe é próprio". O vínculo é evidente: uma concepção adequada de quem e do que sou é, ao mesmo tempo, uma concepção adequada da minha condição e de seus deveres, daquilo que me cabe e daquilo que não me cabe fazer. Como diz Xenofonte [*Memorabilia* IV, 11, 26-29], aqueles que conhecem a si mesmos sabem o que é adequado (ἐπιτήδειον) para si e discernem o que podem ou não fazer. A falta de autoconhecimento, portanto, expõe uma pessoa às penas sociais do ridículo e do desprezo [cf. Platão, *Filebo* 48c-49c]. Como em Bradley, o conhecimento de quem eu sou já pressupõe uma avaliação correta das minhas relações com os outros. E, mais uma vez como em Bradley, há implicações conservadoras: o autoconhecimento é concebido como a revelação não de um conjunto empolgante de possibilidades indeterminadas, mas de um papel social já especificado.

Não é uma casualidade que a *sōphrosune* tende a aparecer, nas palavras de um comentador do *Cármides*, como "a virtude dos anciãos, das mulheres e, de fato, de todos aqueles que se comportam de maneira adequada à sua condição na vida".[34] As implicações conservadoras nem sempre são aparentes, mas a ideia subjacente quase sempre é visível: autoconhecimento é conhecimento de si em relação aos outros. Assim, uma concepção correta de mim mesmo está longe de ser revelada por meio de um exame detalhado da minha personalidade individual, pois requer uma concepção correta do meu papel na sociedade, entre outras coisas, e esse papel não depende totalmente de mim: é um fato objetivo. Como veremos, é esse aspecto do conceito cotidiano de *sōphrosune* que Platão adota e que o vemos tentar explicar com mais profundidade: a ideia de que o meu conhecimento de mim não é algo que cabe somente a mim como eu poderia julgar casualmente, mas depende do conhecimento que me leva além do interesse por minha personalidade individual. E essa ideia interessa a Platão profundamente.

O autoconhecimento, portanto, é objetivo em vez de ser uma questão pessoal e subjetiva. E logo é considerado a essência da importante virtude da *sōphrosune*, uma virtude que se manifesta de várias maneiras, inclusive no autocontrole. Como isso nos ajudará a compreender as três características do *Alcibíades* que destaquei e a forma como se relacionam?

Primeiramente, por que Alcibíades é censurado não apenas por sua "ignorância socrática" sobre justiça e prudência, mas também por sua ignorância comum ou "de salão" sobre Esparta e Pérsia? Devemos dizer que aqui ele não é censurado por uma ignorância qualquer, mas por ignorar o que é relevante para a sua concepção do seu eu presente e das suas ambições futuras. Antes [105b-c], Sócrates o lembrará de sua esperança de conquistar toda a Grécia e a Pérsia; agora, mostra que ele abandona essas ambições quando considera os políticos atenienses como seus verdadeiros rivais e deixa de interessar-se pelos governantes de Esparta e da Pérsia. Sócrates repisa o argumento detalhando a riqueza e o poder de Esparta e da Grécia, mas é evidente que não está relatando fatos mais ou menos interessantes, e sim mostrando a Alcibíades o que ele deveria saber se quiser conservar um conceito verdadeiro de si mesmo, de suas capacidades e metas. A ignorância sobre a Pérsia importa a Alcibíades porque revela a ignorância do jovem sobre si mesmo. Que esse é o motivo da fala longa fica claro no fim dela [124a-b]: "E não te parece vergonhoso que as mulheres dos inimigos tenham melhor noção do que nós mesmos sobre o que precisamos possuir a fim de atentar contra eles? Afortunado amigo, obedecendo a mim e ao ditado em Delfos, conhece-te a ti mesmo! São estes os nossos adversários e não aqueles que tu julgavas". Alcibíades, pois, viu que era ignorante sobre si mesmo, sobre quem e o que é de verdade.[35] Não é de surpreender que seja esse o ponto em que ele finalmente se rende a Sócrates, nem que o autoconhecimento lhe seja apresentado ao fim do diálogo como aquilo de que ele precisa de verdade.

O que dizer, contudo, do fato de que, assim que Alcibíades se convence de sua ignorância sobre si mesmo e decide fazer algo a respeito, a discussão aparentemente passa a ser sobre a concordância política e "cada um fazer o que lhe é próprio"? Por que não passar diretamente da confissão da ignorância sobre si para a necessidade de autoconhecimento? Acontece que não nos desviamos aqui do tema do autoconhecimento, como demonstra uma pequena reflexão sobre o conceito de autoconhecimento enquanto saber o próprio lugar.

A fim de saber quem eu sou no sentido de saber qual é o meu lugar — minha condição e seus deveres —, preciso saber qual é o meu papel entre os outros e, ao mesmo tempo, o papel deles com relação a mim para saber qual é o meu papel com relação a eles. Se sou, por exemplo, um cidadão livre de Atenas, saber o que me é próprio supõe saber, entre outras coisas, que posso esperar certos tipos de deferência dos escravos, mas não de homens livres, e que posso tratar escravos, mas não homens livres, de certa maneira: isso é saber meu lugar. Mas saber disso é simplesmente saber o que cabe a escravos e a homens livres, e o que se espera de ambos. Saber isso ainda é simplesmente saber qual é o jeito certo e qual o jeito errado de tratar escravos e cidadãos livres. Assim, se eu agir como tirano e tratar cidadãos livres como escravos, demonstro meu fracasso no autoconhecimento, pois é uma falta presunçosa de conhecimento do meu lugar entre meus pares. Mas também demonstro meu fracasso em dar aos outros aquilo que lhes é devido. Assim, o fracasso em saber o meu lugar e o fracasso em tratar os outros apropriadamente são, fácil e plausivelmente, considerados o *mesmo* fracasso, uma falta do *mesmo* conhecimento. Se por autoconhecimento entende-se o conhecimento da personalidade individual, é fácil enxergar como é possível possuí-lo de maneira independente do senso de justiça. Mas, quando o autoconhecimento é tido como conhecer o próprio lugar, uma pessoa não pode conhecer a si própria sem também conhecer o que lhe é devido e o que ela deve aos outros; em todo caso, não posso separar o conhecimento daquilo que me é devido do conhecimento daquilo que devo aos outros.

Parece natural considerar que a virtude da *sōphrosune*, interpretada como conhecimento correto do próprio lugar, seja a mesma virtude que a justiça, dar aos outros o que lhes é devido. Por isso, Alcibíades não se desvia. Ele desconhece a si mesmo e também desconhece como ajustar-se corretamente àquilo que deve aos outros. Não se trata de coisas desconexas porque consistem, como vimos, no *mesmo* fracasso. Sócrates está apenas explicitando o fato de que a ignorância de Alcibíades sobre si mesmo traz consigo a ignorância sobre como os outros devem ser tratados e uma tendência a repetir jargões sem os compreender. Além disso, há a indicação clara de que, ao obter o autoconhecimento, ele obterá o conhecimento daquilo que se deve aos outros. No fim do diálogo, depois de aceitar a longa recomendação de buscar o autoconhecimento, Alcibíades declara que doravante praticará a *justiça* [135e]; não é preciso dizer que ao conhecer-se verdadeiramente ele saberá tratar os outros de maneira adequada.[36] No *Alcibíades*, Sócrates não diz abertamente que a *sōphrosune* é a justiça. (Pode-se dizer que ele deixa isso implícito ao afirmar [133e] que a ignorância sobre si implica a ignorância do que é próprio de alguém, o que, por sua vez, implica a ignorância dos assuntos políticos.) No *Amantes*, encontramos [137b-139a] uma afirmação breve, mas clara e definida, da formulação positiva, ou seja, de que *sōphrosune*, considerada essencialmente autoconhecimento, é o mesmo que justiça.

A passagem vem depois da discussão principal do *Amantes* e possui as características de um apêndice ao tema principal. Talvez suas afirmações sejam apresentadas de maneira abrupta demais para considerarmos que a passagem faça alguma *argumentação*: apesar das frequentes partículas inferenciais, o que encontramos é uma série de afirmações sem justificativa. Mas o que a passagem perde em força argumentativa, ganha enquanto testemunho da aceitação intuitiva de ideias que podem não nos ser óbvias.

Castigar corretamente, diz Sócrates, é uma capacidade idêntica à de melhorar o objeto do castigo (cavalos, cães ou homens). Em assuntos sociais, isso é justiça. Castigar corretamente é o mesmo que distinguir entre bem e mal. Se você não sabe distinguir o bem do mal no que diz respeito ao tipo de coisa que você próprio é, não sabe o que você mesmo é. Essa ignorância sobre si é falta de sōphrosune. Autoconhecimento, portanto, é sōphrosune. Assim, a injunção délfica "Conhece-te a ti mesmo" significa que você deve praticar a sōphrosune e a justiça. Assim como castigar corretamente e distinguir corretamente o bem do mal é possibilitado pela mesma capacidade, justiça e sōphrosune são a mesma coisa [138b].[37] Essa passagem foi um dos principais motivos para o descarte do Amantes: os estudiosos se escandalizaram com o que entenderam ser uma mixórdia de conceitos juntados de maneira confusa.[38] Mas, a essa altura da nossa argumentação, deve estar claro que a passagem, embora de fato abrupta, faz bastante sentido: há uma ligação perfeitamente inteligível entre sōphrosune, autoconhecimento e justiça que torna compreensível a abrupta identificação dos três aqui. Ela surge em outras duas passagens do Cármides que enfatizam as implicações sociais da sōphrosune [171e-172a, 173a-d]. Quando os indivíduos têm sōphrosune, somos informados, o todo social, seja o lar, seja o Estado, será bem ordenado. Todos trabalharão bem em sua esfera de competência, e haverá harmonia, porque ninguém tentará fazer o que compete a outro.[39] Vemos aqui, com muita clareza, o como e o porquê de o conceito de sōphrosune como autoconhecimento atrair conservadores como Crítias. O ordenamento justo da sociedade é concebido simplesmente como uma questão de todos conhecerem o próprio lugar e se manterem nele.[40] Descobrimos, pois, que o autoconhecimento, no sentido relevante para Alcibíades, Amantes e Cármi-

des, está, de uma maneira importante, no polo oposto da concentração na personalidade individual e seu ponto de vista singular e subjetivo. O autoconhecimento como essência da *sōphrosune*, como conhecimento do meu lugar, é a mesma virtude que a justiça, virtude que me leva a dar aos outros o que lhes é devido. Assim, ela pressupõe uma avaliação correta das minhas relações com os outros e das relações dos outros comigo. Trata-se de algo objetivo no sentido de que, para obter esse conhecimento, talvez eu precise de algum esforço intelectual; não é contraditório que outros me corrijam caso ela me falte (um conservador como Crítias diria, sem dúvida, que, numa democracia, a maior parte das pessoas carece de autoconhecimento pois erram quanto ao que lhes é ou não devido). Consideramos esses pontos surpreendentes pela tentação de pensar que o autoconhecimento é necessariamente o conhecimento da personalidade individual; pois é mais plausível pensar que os outros não podem (em geral) corrigir-me e que esse tipo de conhecimento (em geral) se apresenta a mim imediatamente, no sentido de que não preciso sair à sua procura. Não devemos, claro, concluir que os antigos não tinham interesse nesse tipo de conhecimento acerca da própria personalidade. Contudo, parece claro que não o tomavam pelo tipo de autoconhecimento que podia ser identificado como virtude tal como a *sōphrosune* sempre era. Um corolário interessante é que a concepção de *sōphrosune* como autoconhecimento não é uma virtude pessoal como se poderia pensar caso ela fosse considerada apenas autocontrole; ela não beneficia a mim mesmo em especial, ou exclusivamente.[41] Contudo, mesmo que possa ser identificado com a justiça, o autoconhecimento deve ainda poder ser reconhecido como conhecimento *de si* para não receber uma definição que o descaracterize. Isso nos leva à terceira característica marcante do *Alcibíades*: a recomendação, ao fim do diálogo, de que Alcibíades comece a lidar com suas deficiências, conhecendo-se a si mesmo. Vimos que ele carece de autoconhecimento e, por conseguinte, carece de *sōphrosune* e de justiça.

Ao fim, ele ouve que deve adquirir autoconhecimento e, por conseguinte, *sōphrosune* e justiça, mas não exatamente da maneira que esperaríamos, em vista do que viera antes. Em vez disso, Platão, numa de suas passagens mais originais e interessantes, desenvolve o conceito de autoconhecimento em si de uma maneira que continua a fascinar até pessoas que não percebem nenhuma das conexões conceituais que assumimos entre ele, a *sōphrosune* e a justiça. (De fato, a maior parte das discussões acerca dessa passagem toma o tratamento que ela dá ao conhecimento isoladamente, sem vínculos com a justiça ou a *sōphrosune*, o que estimula a impressão de que o diálogo carece de unidade temática.) *Sōphrosune*, compreendida como autoconhecimento, é a mesma virtude que a justiça; mas, no fim do *Alcibíades*, não se escolhe nem a *sōphrosune* nem a justiça para uma discussão especial, e sim o autoconhecimento, o que indica o status especial que o autoconhecimento tem no diálogo. Como vimos, *sōphrosune* e justiça podem ser entendidas facilmente como os aspectos interior e exterior de uma mesma virtude; no *Alcibíades*, porém, o aspecto interior tem precedência. Alcibíades alcançará a prática da justiça ao alcançar o conhecimento de si; o autoconhecimento parece ser aqui o aspecto primário dessa virtude bifacetada, pelo menos no sentido de que é ponto de entrada para alguém que anseia ser virtuoso. É a revelação de que ele carece de autoconhecimento que espicaça Alcibíades a perder a arrogância e ver que precisa mudar; o autoconhecimento parece ser o caminho para começar a prática da justiça.

Aqui aparece um contraste com a atitude posterior de Platão, na *República*, para com a relação entre virtude social e virtude individual. O *Alcibíades* pressupõe que o indivíduo precisa se conhecer direito para saber o que deve aos outros. O Estado justo será, por assim dizer, a soma de indivíduos que procuraram conhecer-se a si mesmos. Na *República*, porém, lemos que não podemos começar pelo conhecimento do indivíduo: somos incapazes de compreender a natureza e as virtudes do indivíduo sem antes vê-las escritas nas "letras grandes" do Estado.[42] No que diz respeito aos termos da equação, a justiça passou a interessar Platão muito mais do que a *sōphrosune*, e, consequentemente, o seu interesse pelo autoconhecimento diminui. Nos diálogos posteriores, encontramos apenas alguns comentários de passagem.

O autoconhecimento, portanto, é o que dá unidade ao diálogo; e encontramos nele (e em partes de *Amantes* e *Cármides*) um conjunto de ideais conexos. O autoconhecimento é importante; trata-se, com efeito, da essência da principal virtude da *sōphrosune*. Autoconhecimento é conhecimento do próprio lugar e do próprio papel: assim, é também a essência da justiça, a virtude de dar aos outros o que lhes é devido. Dessa forma, autoconhecimento está longe de ser interesse pela minha personalidade individual; é algo objetivo, que pode muito bem me faltar e que constitui uma virtude a ser alcançada.

Dramaticamente, o jovem Alcibíades é o sujeito perfeito para a lição de Sócrates. Acreditamos que ele quer mesmo ser virtuoso; e a perspectiva histórica mostra como é difícil adquirir autoconhecimento e, por conseguinte, *sōphrosune* e justiça. Mas, Alcibíades à parte, penso que vale a pena mostrar que esse conjunto de ideias conexas, ou pelo menos um análogo reconhecível dele, pode ser encontrado em Heráclito.

Plutarco [*adverses Colotem*, 20] nos conta que Heráclito dizia: "Parti em busca de mim mesmo" [fr. 101 DK], e que achava o "Conhece-te a ti mesmo" de Delfo a inscrição mais divina de todas. Encontramos mais interesse no autoconhecimento nos fragmentos 113 — "Pensar [*phrōnein*] é comum a todos" — e 116 — "Cabe a todo homem conhecer-se e *sōphronein*". Heráclito não só está interessado no autoconhecimento, como admite que ele talvez deva ser buscado; pode ser difícil encontrar a mim mesmo, pode ser algo a respeito do qual eu esteja enganado. Heráclito admite ainda que há pelo menos um vínculo estreito entre o autoconhecimento e a *sōphrosune*.[43] Ainda mais significativo é o fragmento 112: "*Sōphronein* é a maior das excelências e sabedorias, agir e falar aquilo que é verdadeiro, perceber as coisas de acordo com a sua natureza".[44] Aqui, a *sōphrosune* surge como a virtude básica e ainda como sabedoria. Assim, não apenas supõe o autoconhecimento, e logo a busca por si mesmo, mas também se mostra como sabedoria, que Heráclito caracteriza como a percepção das coisas de acordo como elas são, real e verdadeiramente, por natureza. (Como veremos, Platão também faz essa relação: o autoconhecimento é, em última análise, o mais elevado conhecimento que existe.) Outros fragmentos (como 2, 114, 44, 78, 32 e 67) deixam bastante claro que, para Heráclito, a sabedoria consiste em perceber como são as coisas, o que abrangem, mas não só, também a maneira como elas aparecem a nós, humanos.

A sabedoria capta o logos, a "explicação" comum a tudo; obtemos sabedoria deixando de fixar atenção naquilo que é peculiar a cada um e passando a perceber o que é comum a todos. Essa compreensão inclui o conhecimento do que é justo, porque a justiça também faz parte do que é comum a todos, não depende de nenhum ponto de vista particular ou parcial. "Quem fala com compreensão deve apegar-se àquilo que é comum a todos, como uma cidade se apega às suas leis até com mais firmeza. Pois todas as leis humanas se nutrem de uma lei divina..." [fr. 114]. A pessoa que alcança a *sōphrosune* e o autoconhecimento também atinge a compreensão objetiva da questão, o logos ou a base racional da ordem do mundo. Como escreve Kahn:

Para Heráclito [...], a estrutura mais profunda do eu é entendida como uma coextensão do universo em geral e da comunidade política em particular. Os homens podem viver como se tivessem um mundo particular de pensamentos e planos, mas o logos da ordem do mundo, como a lei da cidade, é comum a todos [...]. Assim, o verdadeiro autoconhecimento coincidirá com o conhecimento da ordem cósmica, e a verdadeira afirmação do eu significará apegar-se àquilo que é partilhado por todos.[45]

Seria naturalmente tolice fazer uma comparação detalhada dos fragmentos de Heráclito com algo tão diferente deles como são os diálogos platônicos. Algumas diferenças enormes são óbvias: Heráclito insiste, coisa que Platão não faz aqui, que a justiça integra o amplo conceito de logos, que é a estrutura racional do universo inteiro. (Encontramos ideias semelhantes no *Górgias* e, de maneira mais nítida, na *República*, mas não no *Alcibíades*, embora vejamos Platão plantar a semente dessas ideias nele.) Ainda assim, as semelhanças são notáveis o bastante para que possamos dizer que, se aceitarmos Platão como autor do *Alcibíades* e do *Amantes* como é do *Cármides*, podemos encontrar, no jovem Platão, um desenvolvimento de ideias já levantadas por Heráclito. E é interessante que o tratamento que ele dá a essas ideias em seus primeiros escritos seja mais próximo ao de Heráclito do que do tratamento que ele mesmo dá a elas em seus diálogos da fase intermediária. Quando chegamos à *República*, a justiça já tomou o lugar da *sōphrosune* como virtude principal. É ela, não a *sōphrosune*, que forma a base de todas as virtudes (conquanto dê tanto à alma como ao Estado a estrutura sem a qual as outras virtudes não podem desenvolver-se);[46] é ela, não a *sōphrosune*, a virtude cujo desenvolvimento conduz à sabedoria que é uma percepção objetiva de como o mundo realmente é.

Dentre esses três diálogos, o *Alcibíades* é o mais interessante, porque nele podemos ver Platão desenvolver o conceito de autoconhecimento de maneira filosoficamente ambiciosa. Vimos que, de uma forma surpreendente para nós, o autoconhecimento já figurava como essência das virtudes da *sōphrosune* e da justiça, que tanto para Heráclito como para Platão isso era possível porque o autoconhecimento, pelo menos para ser considerado virtude, não é entendido como conhecimento do pessoal e único com relação a mim, à minha personalidade, mas vai além e requer uma concepção de qual a minha posição entre os outros; assim, é um conhecimento que posso não ter enquanto outros têm.

No fim do *Alcibíades*, vemos Platão dar um passo parecido com o de Heráclito: ele considera que o autoconhecimento supõe não apenas fatos sociais, mas, no nível mais profundo, fatos sobre a realidade objetiva como um todo. Claramente, o que o atrai é a ideia de que existe um conhecimento próprio que não é o conhecimento da pessoa individual corporificada; o conhecimento do eu "real" ou "verdadeiro" acaba por ser muito diferente daquilo que se toma intuitivamente por conhecimento de si. Platão leva ao limite a ideia do "eu verdadeiro" implícita na noção de que autoconhecimento é conhecimento da própria posição com relação aos outros, e assim supõe uma concepção verdadeira do mundo em que se vive.

Como é frequente, Platão começa desviando a atenção da externalidade da ação para o estado interior do agente, e faz isso em termos de corpo e alma [128a ff]. Quando Sócrates e Alcibíades conversam, insiste, a comunicação não se dá entre seus corpos, mas entre suas almas; assim, o verdadeiro Alcibíades, o eu que ele deve chegar a conhecer, não é seu corpo, mas sua alma. (Ele acrescenta ainda que é o único amante verdadeiro de Alcibíades porque ama sua alma, não seu corpo perecível. Aqui, mais uma vez, está um tema presente em Heráclito, que enfatiza a alma [frs. 107, 45, 115, 118] e diz que cadáveres, meros corpos sem alma, deveriam ser simplesmente descartados [fr. 96].)

A ideia em si de que sou antes minha alma do que meu corpo pode ser interpretada de diferentes maneiras, e nem todas implicam rebaixar o corpo; tudo depende de como se considera a relação entre corpo e alma. Aqui encontramos, sem aviso, uma concepção marcadamente dualista. Uma pessoa, diz Sócrates, não é seu corpo, porque *usa* seu corpo da mesma forma como um artesão usa suas ferramentas.[47] Aquilo que usa, e por isso governa, o corpo só pode ser a alma. A pessoa, portanto, está na alma. O corpo não pode tomar nenhuma parte no governo de si, de modo que a pessoa não pode ser nenhuma combinação entre corpo e alma [129b-130c]. A pessoa, portanto, é apenas alma. Ao buscar o conhecimento de si, Alcibíades só deve buscar conhecer a própria alma, não seu corpo.

Essa conclusão drástica não nos é imposta pela conclusão de que não sou meu corpo; é imposta pelo pressuposto de que a relação entre corpo e alma (de "uso" ou "governo") relaciona coisas de tipos completamente distintos: apenas almas podem "governar"; apenas corpos podem ser "governados". Platão não oferece nenhuma justificativa para esse pressuposto contraintuitivo. Vale notar que, quando Cícero retoma essa passagem nas *Discussões tusculanas*, não assume a conclusão drástica, conservando-se bastante aberto quanto a qual pode ser a relação entre corpo e alma.

Por que Platão insiste que sou apenas a minha alma, que o corpo não desempenha nenhum papel naquilo que sou? No *Alcibíades*, não encontramos argumentos para defender essa visão. (Pode ser que Platão não tenha visto necessidade de defesa; mas duvido. No *Fédon*, ele pressupõe a existência das almas sem justificar-se, mas sente a necessidade de uma longa argumentação de que elas são qualitativamente diferentes dos corpos.) Embora não ofereça bons argumentos aqui, Platão tem um motivo para insistir em que apenas a alma, e não o corpo, é o eu. Pois, como vimos, Platão está desenvolvendo para o eu as implicações da ideia de que o autoconhecimento é objetivo, de que vai além do individual e do pessoal. É de esperar que o verdadeiro eu, o eu que conheço quando tenho autoconhecimento, não seja em nenhum sentido intuitivo individual ou peculiar a mim. Meu corpo decerto é individual a mim; mas se meu corpo não faz parte do que sou realmente — do meu eu real —, talvez aquilo que eu seja de fato — meu eu real — não me é individual da mesma forma que meu corpo é. Talvez o verdadeiro eu, longe de ser minha personalidade individual corporificada, seja algo que não se diferencia entre os indivíduos corporificados. O grego não possui palavras que correspondam aos nossos "pessoal" e "impessoal", mas é tentador enxergar, no empenho de Platão por excluir o corpo do verdadeiro eu, uma preocupação de mostrar que o verdadeiro eu é impessoal. Essa preocupação não é expressa explicitamente aqui, mas há dois indícios bem amplos de que Platão a tinha em mente. Porque Sócrates diz [130c-d] que a discussão do momento é somente provisória e que, se fosse seguida rigorosamente, explicaria o que ele chama de "o eu em si" [129b, 130c-d]. O significado de "eu em si" é obscuro, e alguns estudiosos veem na expressão uma referência à "teoria" das formas, porque Platão, com frequência, se refere às formas com esses termos, mas seu uso dessa expressão não está limitado às formas, e qualquer referência à "teoria" aqui seria um disparate. Tendo a pensar que os neoplatônicos iam pela linha correta ao enxergarem aqui uma referência a uma "alma racional" que é o verdadeiro eu e não é individual a cada pessoa.[48] Meu verdadeiro eu não seria apenas minha alma (que, por tudo o que ficou evidenciado na passagem, pode ser individual a mim), mas uma alma concebida da impersonalidade, um "eu em si" ou eu impessoal que, como uma forma, é o mesmo em todas as suas ocorrências.[49] A interpretação neoplatônica de Platão pode padecer de um notório excesso de imaginação, mas aqui é bem plausível que Platão esteja apontando a ideia de que o meu eu verdadeiro não é meramente minha alma, mas minha alma impessoal: meu eu real, se preferirmos, é apenas o eu em si, e não o *meu* eu em qualquer sentido intuitivo, já que ele é seu eu real tanto quanto é meu.

É quase certo que Platão remete a essa ideia, mas ele não a deixa evidente para nós. Em todo caso, porém, a impessoalidade do verdadeiro eu surge da seguinte passagem, a mais famosa do diálogo. Um olho, para ver a si mesmo, precisa de um espelho que pode encontrar em outro olho, sobretudo em sua "melhor parte", a pupila.[50] Assim, uma alma se conhece "olhando dentro" de outra alma, sobretudo em sua "melhor parte," a sabedoria. Essa é a parte mais divina de uma alma, e a pessoa que a olhar reconhecerá tudo o que é divino, ou seja, Deus e a sabedoria,[51] e é esse o conhecimento mais verdadeiro sobre o eu [132d-133c]. Em seguida, algumas linhas reforçam o argumento: o melhor espelho é Deus, e olhar para Deus é o conhecimento de si mais verdadeiro. Há suspeitas sobre essas linhas, não sem motivos, dado que não ocorrem em nenhuma das nossas tradições de manuscritos, aparecendo apenas em citações ampliadas da passagem feitas por Eusébio e Estobeu, e com várias estranhezas.[52] Mas sejam de Platão ou não, elas se limitam a sublinhar o que já está presente ali: quando alguém conhece seu eu real, conhece Deus, sendo que Deus, claro, não é uma pessoa, mas justamente aquilo que é absolutamente real, seja lá como for caracterizado. Não se trata de uma ideia forçada para um grego; com efeito, também aparece em Heráclito, que identifica com

Deus o logos objetivo captado pela sabedoria, embora tenha o cuidado de afastar-se da religião popular [frs. 32, 67].

A imagem de Platão de um olho espelhado em outro é impressionante, tanto que é difícil não se render ao seu apelo intuitivo em vez de esforçar-se para obter uma interpretação satisfatória dela.[53] De fato, como a maioria das imagens famosas de Platão, ela contém diversas dificuldades. O olho precisa de outro *olho*, algo semelhante a si; se perguntarmos o que corresponde a isso no caso do conhecimento, a resposta óbvia é o dar e receber da dialética, o teste das próprias crenças por outras, o que é tão crucial para Platão. Mas o que o outro olho faz é espelhar: ele devolve o que já existe; o espelhamento parece uma imagem para o aspecto intrigante do autoconhecimento que podemos chamar de reflexividade, o fato de que se trata de descobrir algo que já possuímos. Além disso, nem o olho nem o espelho nos ajudam a compreender aquilo que é mais controverso na questão, a saber: a forma como o autoconhecimento, que a princípio pensamos pré-filosoficamente ser o conhecimento de um indivíduo, acaba não sendo nada disso. Antes, ele aparece como conhecimento do eu em si, do eu não pessoal, que é chamado divino e Deus, porque estes são, para um grego, atributos daquilo que é mais verdadeiramente objetivo. Mas, colocando as dificuldades de lado, a direção geral dessa passagem e da anterior é bastante clara. O autoconhecimento não é conhecimento daquilo que é paradigmaticamente subjetivo, do indivíduo corporificado; é conhecimento daquilo que é paradigmaticamente objetivo, de modo que o verdadeiro eu aparece como Deus, a realidade definitiva.

Essa linha de pensamento, de que o meu verdadeiro eu não é o que aparenta ser — pessoal, subjetivo e individual —, mas que, *na realidade*, é impessoal, algo em que aquilo que penso ser minha individualidade desapa-

rece, é uma linha de pensamento recorrente na filosofia. É uma ideia que, tanto na filosofia da mente como
na ética, consideramos, ao mesmo tempo, perenemente
tentadora e repulsiva: parece que somos forçados tanto
a aceitá-la por algumas reflexões como a rejeitá-la por
outras. É perceptível em Heráclito,[54] mas, desde o século
passado, não é atribuída a Platão, porque o *Alcibíades*
tem sido considerado duvidoso ou rejeitado. Pessoal-
mente, eu ficaria frustrada caso o *Alcibíades* pudesse ser
rejeitado por outros motivos, porque as ideias contidas
nele são profundas e interessantes. Também são muito
difíceis, e mesmo as tentativas de elencá-las esbarram em
certas dificuldades persistentes e sistemáticas. O fim do
Alcibíades não as desenvolve; deixa-as no nível da imagem e da metáfora: o olho e o espelho, o divino na alma.
A sensação é de que Platão, como Heráclito, nos deixou
com ditos que são profundos, mas obscuros.

A outra ocasião em que Platão trata do autoconhecimento, no *Cármides*, apresenta um tipo diferente de
dificuldade: em vez de intuições profundas, encontramos
um emaranhado de argumentos sem conclusão óbvia.
Gostaria de me deter apenas brevemente no *Cármides*
para sugerir como alguns fatos relacionados com a sua
estrutura podem esclarecer pontos do *Alcibíades*.

O *Cármides* começa discutindo e abandonando várias definições insatisfatórias de *sōphrosune*.[55] Em determinada altura, Crítias, o principal oponente de Sócrates,
diz estar disposto a deixar de lado o que debateram até
então se todos reconhecerem que *sōphrosune* é autoconhecimento segundo a inscrição délfica [164c-165b].
Esperamos, então, que seja iniciado um debate sobre o
autoconhecimento. Mas Crítias nos surpreende e passa,
de imediato, do conhecimento *de si* para o conhecimento *em si*; o conhecimento logo é identificado com o conhecimento do conhecimento. Não se trata de um desvio
casual, como logo fica claro [169e]: nele, Crítias diz ex-

plicitamente que, assim como a pessoa com rapidez será rápida, a pessoa com conhecimento em si terá conhecimento de si.[56] Essa mudança sempre foi uma dificuldade na interpretação do diálogo.[57] Alguns comentadores adotam heroicamente a linha de dizer que, na verdade, não há nenhuma relação entre os dois temas; assim, precisam enfrentar a conclusão de que ou Platão era incapaz a ponto de não perceber isso, ou de que percebeu, mas continuou em frente mesmo assim para fazer Crítias parecer tolo. A maior parte dos comentadores pensa que há mesmo uma relação entre o autoconhecimento e o conhecimento do conhecimento, e tentam demonstrar de várias maneiras como este último esclarece o primeiro. Mas essas tentativas têm alguns problemas: a discussão sobre o conhecimento do conhecimento se desenvolve de algumas maneiras que parecem não ter nada a ver com autoconhecimento. Para começar, o significado de conhecimento (ἐπιστήμη) muda, pelo menos às vezes, de conhecimento no sentido de estado cognitivo para denotar "um corpo de conhecimentos" ou "uma ciência", e a palavra passa a ser usada no plural.[58] Depois, a atenção se volta à questão do conhecimento de primeira e segunda ordens em geral e, assim, à questão de ser possível conhecer o conhecimento *do outro* e não apenas o próprio. A discussão sobre o conhecimento do conhecimento adquire, de fato, vida própria e toma o lugar da prometida discussão sobre autoconhecimento.

Por que Platão faz isso? Não há, claro, nenhum motivo para que sejamos capazes de responder a essa questão, mas o fim do *Alcibíades* nos deixa ao menos um indício. Como vimos, no *Cármides*, Platão conserva muito do papel que o autoconhecimento tem no *Alcibíades* e no *Amantes*: ele é a base da *sōphrosune* e da justiça e, portanto, muito importante para a virtude. Mas o autoconhecimento requer explicações, e Platão pode ter chegado à conclusão de que não havia nada que ele pudesse dizer além de sugestões e metáforas para explicar o autoconhecimento como conhecimento cujo objeto é o elusivo eu verdadeiro ou real. No *Cármides*, a busca pelo eu enquanto objeto do autoconhecimento é substituída pela discussão — mais fácil de lidar e certamente de articular — sobre o conhecimento cujo objeto é o conhecimento.

Trata-se, claro, de uma especulação, mas os resultados do *Cármides* também se mostram relevantes para o *Alcibíades* de uma forma menos especulativa. Pois o *Cármides* contém uma bateria de argumentos cuja intenção é demonstrar que há um erro, fundamental, na ideia de um tipo de conhecimento que tem apenas o conhecimento como objeto. A maior parte desses argumentos não é muito boa, por isso não trataremos deles aqui, mas todos partilham de um pressuposto que é significativo. Sócrates levanta, em muitas roupagens diferentes, a objeção de que o conhecimento deve ter um tema distinto de si mesmo. O conhecimento do conhecimento malogra porque não há como interpretá-lo como conhecimento *de* alguma coisa da forma como exige Sócrates; e fica claro que a exigência só pode ser atendida se o conhecimento for concebido como uma relação entre um sujeito e um objeto distinto que existe separadamente do conhecedor. Essa exigência do conhecimento, a exigência de que o tema exista separadamente do sujeito cognoscente, é muito visível nos diálogos da fase intermediária, em que o modelo preferencial de conhecimento é a matemática, e é uma das principais características da posição filosófica que chamamos de "platonismo". Essa exigência desempenha um papel discreto em muitas das passagens nas quais Platão estabelece as formas e os objetos matemáticos como objetos de conhecimento. Aqui, encontramos mais um motivo para Platão excluir o autoconhecimento de suas preocupações principais. Porque quanto mais ele pensa o conhecimento segundo o modelo de algo como a matemática, menos será capaz de aceitar o autoconhecimento como *conhecimento* verdadeiro. O eu não é o tipo de objeto *distinto* que o conhecimento, segundo esse modelo, exige. O fim do *Cármides* (em parte, porque há mais coisas em jogo) é um relato dos esforços de Platão para conservar o autoconhecimento como um conceito filosoficamente compreensível, e os esforços são em vão. Todas as tentativas de explicar o conhecimento de si como conhecimento que tem a si mesmo como objeto se desfazem porque Platão, pela maneira como passou a pensar o conhecimento, já não é capaz de fazer sentido filosófico delas. Assim, à medida que o conceito de auto*conhecimento* se torna problemático, ele sai das principais discussões de Platão sobre a *sōphrosune* e perde seu papel como base para todas as virtudes.

Sugeri que, em seus diálogos de juventude, Platão se mostrava mais atraído do que se costuma pensar por ideias que já interessaram Heráclito: *sōphrosune* é a virtude básica; o autoconhecimento, compreendido corretamente, é conhecimento do que é impessoal e mais verdadeiramente real. Isso, claro, não altera o fato de que, à época dos diálogos intermediários, sobretudo da *República*, as preocupações de Platão eram aquelas que já tradicionalmente associamos a ele: a virtude básica é a justiça, o modelo de conhecimento, a matemática. Ainda assim, penso que vale a pena recuperar e enfatizar devidamente essas primeiras ideias, por dois motivos. Um é o fato de elas serem interessantes por si mesmas e terem profundidade filosófica. O outro é que as ideias posteriores, mais conhecidas, passam a ser consideradas não simples pressupostos — ideias que, por assim dizer, calharam de chamar a atenção de Platão —, mas respostas a conceitos anteriores e às dificuldades implícitas ao tratamento deles.

Notas

1   Este artigo foi apresentado pela primeira vez ao públi-
    co como uma Matchette Lecture na Universidade Ca-
    tólica da América. Foi grandemente aperfeiçoado pela
    discussão que houve ali — e depois na Universidade
    de Oklahoma e na Universidade do Texas em Austin.
    Sou especialmente grata a Alex Mourelatos e Dominc
    O'Meara.

2   Diógenes Laércio IX, 37: Trasilo sugere que "se *Aman-
    tes* é de Platão", Demócrito talvez apareça anonima-
    mente nele. Ele não nos dá nenhum motivo para sua
    hesitação, e a sugestão chega a ser boba.

3   O *Axíoco* contém a extraordinária incoerência dos ar-
    gumentos materialistas do epicurismo para mostrar que
    nada sobrevive à morte, e os argumentos dualistas platô-
    nicos para mostrar que a alma imortal sobrevive de fato.

4   Por exemplo, com a exceção de Paul Friedländer em
    Plato (3 v. Trad. de Hans Meyerhoff. Nova York: Prin-
    ceton University Press, 1964, pp. 119-28 e 339-342),
    quase nenhum filósofo antigo pensa que o *Hiparco* é
    de Platão, na maior parte das vezes com base nos ab-
    surdos da seção histórica. Mas os historiadores não
    demonstram essas dúvidas: ver, a esse respeito, *Cam-
    bridge Ancient History*, v. IV, cap. 5.

5   Sobre *Amantes*, ver Joseph Souilhé em *Platon: Œevres
    complètes* (24 v. Paris: Les Belles Lettres, 1962, v. XIII,
    2ª partie, pp. 105-12); Antonio Carlini em "Studi sui
    testo della quarta tetralogia platonica" (*Studi Italiani
    di Filologia Classica*, v. 34, pp. 169-89, 1962) e "Alcu-
    ni dialoghi pseudo-Platonici e l'Accademia di Arcesilao
    (*Annali della Scuola Normale Superiore di Pisa*, v. 31,
    pp. 33-63, 1962); e Margherita Isnardi em "Note al
    dialogo pseudo-platonico Anterastae" (*La Parola del
    Passato*, v. 9, pp. 137-43, 1954). Além das dúvidas va-
    gas de Trasilo, as únicas justificativas que se dão para
    as dúvidas são: (1) aversão ao diálogo. Cf. Isnardi,
    *"Nessuno vorebbe oggi sostenere la tesi dell'attribu-
    zione a Platone di un'opera non solo di nessun valore*

*teorico e di notevole trascuratezza e superficialità, ma
che presenta chiaramente* [...] *il carattere di un cento-
ne di motivi desunti dai più, vari dialoghi platonici*"
["Ninguém quererá hoje defender a tese que atribui a
Platão uma obra não só desprovida de valor teórico e
notoriamente desleixada e superficial, mas que apresenta claramente [...] o caráter de um amontoado de
motivos tirados dos mais variados diálogos platônicos"]; (2) desconfiança com relação à passagem fina
em particular; cf. a nota 38; (3) a afirmação de que as
ideias que encontramos em *Amantes* devem ser tardias
porque se encaixam num contexto diferente. São motivos, no melhor dos casos, inconclusivos, e a natureza
insatisfatória dos critérios usados surge claramente do
fato de que enquanto Souilhé e Isnardi preferem a Antiga Academia de Polemo, Carlini o situa na absolutamente distinta Nova Academia de Arcesilau.

6   Aristóteles não se refere a ela pelo nome, mas é provável que tenha demonstrado conhecê-la (ver a nota 24).
Diógenes Laércio, ou antes sua(s) fonte(s), a aceita (III,
51). Alexandre de Afrodísias recorda uma passagem famosa no prefácio do seu *De Anima*. Epiteto (III, 1.42)
faz uma referência clara a 131d; o imperador Juliano
aceita a autoria de Platão (*Oração* IX, 9). Trata-se de
um diálogo bem conhecido nas escolas filosóficas.

7   Paul Friedländer, em "Socrates Enters Rome" (*American Journal of Philology*, v. 66, pp. 337-51, 1945)
e *Plato* (3 v. Trad. de Hans Meyerhoff. Nova York:
Princeton University Press, 1958/1964/1969), vê ecos
dela na descrição que Políbio faz de Cipião, e uma referência próxima na *Sátira* IV de Pérsio. Tendo a dar
menos peso que Friedländer a essas passagens, já que
aludem não tanto a detalhes específicos do diálogo de
Platão, mas a um encontro entre Sócrates e o jovem
Alcibíades, tema tratado por outros. Ver, por exemplo,
os fragmentos do diálogo *Alcibíades*, de Ésquines, ed.
Krauss (Leipzig, 1911). (Paul Friedländer é, por outro
lado, bastante atento quanto ao diálogo em *Der Grosse Alkibiades: Kritische Erörterungen* [Bonn, 1923,

pp. 41-6].) Pérsio, por exemplo, trata de formular uma contínua piada sexual pela qual nada deve a Platão.

8 *Discussões tusculanas* I, 52 (o eu real é a alma, não o corpo) e V. 70 (o sentido real de "conhecer-se a si próprio" é "conhecer a Deus"). Ver também *Somnium Scipionis* 26. Para uma discussão a respeito de passagens relacionadas e da difícil questão das fontes de Cícero, ver Pierre Courcelle em "Cicéron et le precepte delphique" (*Giornale Italiano di Filologia*, v. 21, pp. 109-20, 1969); Pierre Boyancé em "Cicéron et le *Premier Alcibiade*" (*Revue des Études Latines*, v. 41, pp. 210-29, 1963); e Jean Pépin em "Que l'homme n'est rien d'autre que son âme: Observations sur la tradition du *Premier Alcibiade*" (*Revue des Études Grecques*, v. 82, pp. 56--70, 1969) e *Idées grecques sur l'homme et sur dieu* (Paris: Les Belles Lettres, 1971, parte I). Pépin parece claramente ter razão ao enxergar nessas passagens tanto um compromisso com uma visão dualista da relação entre corpo e alma quanto uma visão menos drástica que é plausível que seja derivada de Antíoco. Mas a sua hipótese de uma fonte estoica intermediária para a visão drástica parece desnecessariamente especulativa. A confusão é típica de Cícero, que pode muito bem ter lido o *Alcibíades* por conta própria.

9 Jean Pépin, em *Idées grecques sur l'homme et sur dieu* (Paris: Les Belles Lettres, 1971, parte I), oferece uma explicação excelente do pós-vida filosófico do *Alcibíades* nas tradições platônicas e cristãs. Seus capítulos 4 e 5, nos quais tenta deduzir uma influência direta sobre o estoicismo, são mais conjecturais e especulativos, e dependem, em minha opinião, de uma visão questionável da relação entre corpo e alma no estoicismo.

10 Diógenes Laércio (IV, 62) conhece uma ordem de ensino dos diálogos que começa com o *Alcibíades*. Albino, na sua *Introdução*, diz que o *Alcibíades* deveria ser o primeiro dos diálogos a ser lido, embora seja interessante notar que não pensa assim pelas razões que os neoplatônicos viriam a dar: a importância fundamental do autoconhecimento. Albino destaca antes a conveniência

de Alcibíades para representar o papel do tipo jovem e
talentoso pronto para voltar-se à filosofia (o que sugere
que era incapaz de captar a ironia da história). Dentre
os outros medioplatônicos, Harpocrácio escreveu um
comentário a respeito do diálogo — ver John M.
Dillon em "Harpocration's *Commentary on Plato*: Fragments
of a Middle Platonic Commentary" (*California Studies
in Classical Antiquity*, v. 4, pp. 125-46, 1971). Plutarco
não o discute com as demais obras filosóficas, mas diz
que é de Platão pelo fato de Zópiro ter sido tutor de Alcibíades (*Vida de Alcibíades* 2).

11   Ver Jean Pépin em *Idées grecques sur l'homme et sur
dieu* (Paris: Les Belles Lettres, 1971, parte 1, pp. 95-
-101). *Enéadas* I, 1, 3,3; IV, 4, 43, 20-1; VI 7, 5, 24
aludem ao *Alcibíades*.

12   Fragmento 1 do comentário ao *Alcibíades* (pp. 72-3 da
edição de Dillon). Os dez diálogos eram: *Alcibíades, Górgias, Fédon, Crátilo, Teeteto, Sofista, Político, Fedro, O
banquete, Filebo* (Anon. *Prolegomena to Platonic Philosophy*, ed. Westerink, cap. 26). Ver Jean Pépin em *Idées
grecques sur l'homme et sur dieu* (Paris: Les Belles Lettres, 1971, parte 1, cap. 3), para uma discussão sobre outros tratamentos neoplatônicos de temas do *Alcibíades*.

13   Olimpiodoro, ed. Westerlink, 10-11. O *Parmênides*
não está na lista citada na nota 12; o *Alcibíades* fir-
mou-se como "a introdução" para outras concepções
da filosofia de Platão.

14   Ver Friedrich Schleiermaier em *Introductions to the
Dialogues of Plato* (Cambridge, 1836; reimp. Trad.
de William Dobson. Nova York: Ayer Co Pub, 1973,
pp. 328-36 [e 325-8 para *Amantes*]). A influência do juí-
zo de Schleiermaier é surpreendente se considerarmos
sua total falta de base, salvo o gosto pessoal. Vale notar
que Schleiermaier é, de fato, ambíguo quanto aos dois
diálogos (de uma maneira que reaparece, por exemplo,
em Shorey); depois de insultar cada aspecto da forma e
do conteúdo do diálogo, ele conclui que o *Alcibíades*,
no fim das contas, contém algumas partes boas, dig-
nas de Platão. Ele é o primeiro de muitos estudiosos a

levantarem hipóteses fantásticas como a de que Platão escreveu partes desse texto; que escreveu um diálogo posteriormente prejudicado por outrem; que melhorou um diálogo inferior alheio, e assim por diante. O desespero desses movimentos sugere que o problema básico é a incapacidade de interpretar o diálogo como um todo em termos de um tema-mestre.

15 Wilamowitz se opôs a κρήγυος [111e], o que Paul Friedländer trata com propriedade em *Der Grosse Alkibiades: Kritische Erörterungen* (Bonn, 1923, pp. 6-11). E. De Strycker, em "L'Authenticité du premier Alcibiade" (*Les Études Classiques*, v. 11, p. 104, 1942), lista algumas palavras no diálogo "que Platão parece ter evitado sistematicamente" (como saber?). Na p. 115, ele reclama de doze usos de συμφέρειν que são absolutos (sem complemento no genitivo ou dativo). Ele admite que há um paralelo em *Leis* [746c], e podemos ver por que não há problema com isso no *Alcibíades* tanto em 114a6 como em 114b2. Nesses trechos, Sócrates diz que ele está justamente preocupado com o que é συμφέροντα em geral, *não* com o que é συμφέροντα *para* qualquer um. (A objeção de De Strycker é daquelas típicas que costumam vir exclusivamente de uma contagem de palavras e desaparecem quando o conteúdo do diálogo é levado a sério.) Pamela M. Clark diz que o último terço do texto pode ser atribuído ao Platão da fase intermediária com base em vários testes estilísticos, mas os dois primeiros terços, não, e ela os atribui a um discípulo. Mas todas as diferenças podem ser explicadas por mudanças estilísticas adequadas ao conteúdo. Em todo caso, o diálogo não é longo o bastante para que testes baseados em, por exemplo, frequência de partículas sejam conclusivos.

16 Levantaram-se objeções a respeito das afirmações sobre Esparta e Pérsia, que seriam mais adequadas ao começo do quarto século do que à data dramática, mas isso não é um argumento contra a autoria de Platão. (Ver Paul Friedländer em *Der Grosse Alkibiades: Kritische Erörterungen* [Bonn, 1923, pp. 11-4, 52-6].) Vlastos diz não ser coerente com a descrição honrosa

que Platão faz do filósofo Zeno no *Parmênides* retratá-lo como um sofista que ensina mediante pagamento [119a1-6], o que, na melhor das hipóteses, soa inconclusivo. Ele afirma que a soma de cem minas é absurdamente alta, mas ela certamente está lá, como as 150 minas em *Hípias maior* 282d-e, para chocar o público, não para indicar o valor médio da cobrança. Vlastos também compara a imagem favorável da educação do príncipe herdeiro persa [121c-122a] com a descrição hostil da educação de Ciro em *Leis* 694c-695b; mas a comparação, penso, não capta o caráter irônico do "discurso persa" (ver a nota 23).

17   Sobre a história das opiniões contra e a favor da autenticidade, ver William Arthur Heidel em *Pseudo-Platonica* (Baltimore, 1896; reimpr. Nova York: Arno Press, 1976); Paul Friedländer em *Der Grosse Alkibiades: kritische Erörterungen* (Bonn, 1923) e *Plato* (3 v. Trad. de Hans Meyerhoff. Nova York: Princeton University Press, 1964, v. 2, pp. 348-9, n. 1); e, mais recentemente, Holger Thesleff em *Studies in Platonic Chronology* (Helsinki: Societas Scientiarum Fennica, 1982. pp. 215-7. [*Comentationes Humanarum Litterarum*, v. 70)].

18   O apelo à *techné*, ou técnica para a respeitabilidade cognitiva, é bastante difundido. Sempre foram observadas suas relações com a discussão acerca do autoconhecimento no *Cármides*, que serão tratadas mais adiante. Embora, de fato, a discussão do *Cármides* como um todo caminhe para uma direção bastante diferente, a afirmação de Alcibíades de que ele aprendeu a moral da mesma maneira como aprendeu sua língua nativa [110c-111a] faz lembrar o *Protágoras* 327c-328a. A discussão sobre justiça e vantagem faz lembrar o *Górgias*, ver nota 22. Também são comuns nos primeiros diálogos: a insistência de Sócrates na importância da pergunta e da resposta para comprometer o interlocutor a dar uma resposta séria e verdadeira [112d-113b]; sua afirmação de que o pior tipo de ignorância é a pretensão de conhecimento [117b-118c]; e sua insistência na possibilidade de ensinar o conhecimento (e, portanto, a vir-

tude, se a virtude é conhecimento), com Péricles como contraexemplo [118d-e; cf. *Protágoras* 319e-320b].

19 Paul Woodruff fez isso recentemente com o *Hípias maior* em sua excelente tradução comentada (Platão, *Hippias Major*. Indiana: Hackett Publishing, 1983). Ele lida com profundidade com os opositores da autenticidade do diálogo e, ao mesmo tempo, percebe que a melhor abordagem é simplesmente ler o diálogo filosoficamente. Seu trabalho é um modelo do que espero fazer algum dia para o *Alcibíades*.

20 Cf. 108d-109c. Apesar do uso frequente do "chamar" (ou "nomear", ονομαζειν), fica claro que Platão não está preocupado com questões de significado, mas quer saber qual é a referência correta; assim, a atitude de Sócrates aqui não é ultrajante; apenas esclarece o que Alcibíades tinha em mente de maneira tão confusa.

21 A objeção de Sócrates no trecho tem bases fracas. Ele passa diretamente do conflito entre intuições para a conclusão de que as intuições deveriam ser consideradas suspeitas, afirmando [111b] que "aqueles que sabem" deveriam estar em acordo e não em disputas, sem ter em conta se as questões éticas podem ou devem ser resolvidas. O argumento aqui não assume a forma conhecida de que o desacordo ético conduzirá a chamar a mesma coisa ou ação tanto de F como de não F, embora essa forma de argumento venha a ser usada depois [115b-c].

22 O argumento faz um uso crucial dos conceitos de καλόν/ αισχρόν. Alcibíades é forçado a admitir que todas as ações δίκαια são καλά [sem resistência, 115a] e, em seguida, que todas as ações καλά são αγαθά [com resistência, 115a-116a]. Mas coisas αγαθά são úteis [considerado óbvio, 116d]. Comparar com o argumento contra Polo no *Górgias* a partir de 474c, em que Sócrates força um relutante Polo a admitir que o que é καλόν/ αισχρόν é αγαθόν/ κακόν.

23 Não devemos, é claro, ser literais a ponto da ingenuidade ao ler a fala de Sócrates. Ela idealiza a educação da realeza espartana e persa de uma maneira que, consciente e ironicamente, "não corresponde à verdade

dos fatos", e é plausível que tenhamos aqui um esboço
semissério da educação do rei-filósofo. Todavia, o que
a fala mostra a Alcibíades é a sua ignorância acerca de
um certo tipo de fato em vez da "ignorância socrática",
isto é, a incapacidade de oferecer uma defesa racional
das opiniões intuitivas.

24   Aristóteles toma essa sugestão bastante a sério em suas
discussões sobre a φιλία, de uma maneira a sugerir que ele
tinha lido o *Alcibíades* [*Ética a Nicômaco* 1167a22-b16].
Se a *Magna moralia* foi escrita por Aristóteles, temos outro indício, já que 1213a16-24 são uma referência clara à
famosa passagem do "espelho" no final do diálogo.

25   Cf. *Cármides* [161b], em que a sugestão vem claramente de Crítias. Como no *Alcibíades*, a interpretação que
lhe é dada parece deliberadamente trivial, e as objeções
são inconclusivas. Platão decerto achava os usos corren-
tes da ideia insatisfatórios, mas não a ideia em si, que
ganha destaque em *A república* como parte da própria
(e altamente teórica e redefinida) explicação de Platão
para as virtudes básicas da alma e do Estado.

26   Como é o caso de C. C. W. Taylor em *Plato's Protagoras* (Oxford: Clarendon Press, 1976) — cf. pp. 85-6,
121-4. Ele enfatiza que o autocontrole não é o foco do
Protágoras e do *Cármides*, mas não enfatiza o aspecto
do autoconhecimento.

27   Heráclito enfatiza o autoconhecimento (que discutire-
mos mais adiante); Demócrito, por outro lado, só está
interessado no aspecto de autocontrole e moderação.

28   Em *A república* [430e-431b], a ordem da exposição é
invertida: a *sōphrosune* é explicada por meio do conceito de autocontrole. Mas aqui se trata da própria e
altamente teórica explicação de Platão, não de um apelo
ao senso comum.

29   Neste ponto, discordo de North, que enxerga em Platão uma progressão da *sōphrosune* enquanto autoconhecimento para a *sōphrosune* enquanto autocontrole,
progressão que ela caracteriza como uma passagem das
ideias socráticas para as platônicas. North não leva em
conta a dificuldade de tal interpretação diante do fato

de encontrarmos conjunções inegáveis de *sōphrosune* e autoconhecimento nos diálogos posteriores. Minha sugestão é de que Platão não precisava escolher uma exclusivamente e depois mudar de ideia em favor da outra.

30 Pode-se contra-argumentar que, embora esse seja o status da afirmação *para Sócrates*, certamente seus interlocutores concordariam, não? Contudo, embora eles possam não ter em mente a ideia explícita e refletida de que "*sōphrosune* é conhecimento" é uma afirmação de identidade, ainda assim não precisariam de muito estímulo para aceitar isso como uma explicação verdadeira para aquilo que já aceitam, a saber: que o autoconhecimento faz parte da natureza da *sōphrosune* de uma maneira que o autocontrole não faz. (Esboço em poucas linhas o porquê de uma pessoa moderadamente razoável estar disposta a aceitar essa identidade.)

31 Em *A república* [430e-431b], Platão tem dificuldade para caracterizar o autocontrole como um estado único do agente.

32 Cf. o livro a ser publicado por C. Gills sobre caráter e personalidade no mundo antigo, especialmente o capítulo 1 sobre o sentido individualista de "personalidade."

33 Cf. Eliza Gregory Wilkins em *"Know Thyself" in Greek and Latin Literature* (Chicago: George Banta, 1917; reimp. Nova York/Londres: Garland Pub, 1979, caps. 2, 3 e 4). O interessante aqui é ver Xenofonte, *Memorabilia*, a partir de IV, 11, 24. De fato, em muitos sentidos todo o IV, 11 pode ser considerado um tratamento paralelo, embora muito mais superficial, do tema do *Alcibíades*: Sócrates faz um jovem segui-lo no estudo da filosofia ao lhe mostrar a falta de autoconhecimento que jaz na base de sua ignorância sobre política.

34 T. Godfrey Tuckey, *Plato's Charmides*. Cambridge: Cambridge University Press, 1951, p. 6; cf. p. 9. Cf. C. C. W. Taylor, op. cit., p. 85, que fala da *sōphrosune* no sentido de mente sã que faz um homem aceitar o papel que lhe é próprio na sociedade e observar devidamente os direitos alheios. A última frase indica um aspecto da *sōphrosune* que será enfatizado adiante.

35   A fala, portanto, está longe de ser uma digressão car-
      regada de informações irrelevantes, como alguns já
      alegaram, caso de Eugen Dönt em "Die Stellung der
      Exkurse in den pseudo-platonischen Dialogen" (Wie-
      ner Studien, v. 76, pp. 27-51, 1963), que ignora a clara
      referência ao autoconhecimento ao fim da fala.

36   Há duas complicações que passo por alto aqui por não
      afetarem a minha argumentação. (1) Alcibíades é trata-
      do o tempo todo não apenas como cidadão, mas como
      governante em potencial, de modo que justiça, para
      ele, suporá ordenar a vida dos outros. Ver também as
      notas 37 e 39, e cf. Rosamond Kent Sprague, em Pla-
      to's Philosopher-King (Columbia: University of South
      Carolina Press, 1976), sobre a preocupação do pri-
      meiro Platão com o rei-filósofo. (2) Sócrates faz mais
      afirmações, e afirmações extensas, sobre a natureza do
      justo governo [134c-135c] que não são justificadas por
      nada no diálogo. Para sua justificação, elas precisam de
      algo como a teoria da alma e do Estado de A república,
      especialmente a afirmação de que os fracos na razão
      devem ser escravos da razão dos outros.

37   Como no Alcibíades, Sócrates passa a enfatizar que se
      trata da virtude do governante, e, por isso, são identi-
      ficados vários tipos de governantes e organizadores.

38   Cf. Joseph Souilhé, op. cit., p. 108: "Est-ce Platon qui
      aurait [...] identifié, sans la moindre distinction, sages-
      se, justice, gouvernement de la maison, gouvernement
      des cités [...]? S'il rapprochait dans une même formu-
      le les deux termes σωφροσύνη et δίκαιοσύνη, il avait
      soin, du moins, de ne pas les confondre" ["Acaso terá
      Platão [...] identificado, sem a menor distinção, sabedo-
      ria, justiça, governo do lar, governo da cidade [...]? Se
      ele junta na mesma fórmula dois termos — σωφροσύνη
      e δίκαιοσύνη —, tomou cuidado, ao menos, para não os
      confundir"].

39   Mais uma vez, a ênfase está na sōphrosune enquanto
      virtude que organiza e dirige a sociedade corretamen-
      te; fica claro, em 171e, que o povo não terá permissão
      para ir além dos limites de sua competência.

40 A semelhança com a explicação do próprio Platão em *A república* para a harmonia social é apenas superficial. Platão redefiniu a tal ponto as virtudes segundo a sua teoria da alma e do Estado que o que parece ser a mesma linguagem tem implicações muito diferentes.

41 Ao passo que, se a *sōphrosune* é concebida basicamente como auto*controle*, ela se torna semelhante a esse tipo de virtude "executiva", útil para mim por permitir que eu cumpra meus planos e exerça outras virtudes; à época da *Ética a Nicômaco* de Aristóteles, foi claramente nisso que a *sōphrosune* tinha se transformado. A *Magna moralia* dá destaque à natureza contida em si da *sōphrosune* em 1193b14-5. Cf. Helen North em *Sophrosune: Self-Knowledge and Self-Restraint in Greek Literature* (Ithaca: Cornell University Press, 1966), p. 207: "Para Aristóteles, *sōphrosune* jamais quer dizer 'moderação no governo', tampouco possui alguma relação orgânica com o Estado. Como a *Retórica* revela, é difícil para Aristóteles conceber a *sōphrosune* como uma virtude social".

42 Não se deve exagerar o contraste, que pode ser visto como diferença de ênfase. É bastante plausível ver que *A república* toma a sério o que está implícito na relação entre autoconhecimento e justiça no *Alcibíades*.

43 Heráclito "é [...] o primeiro autor a explicitar o vínculo sugerido por Homero entre *sōphrosune* e autoconhecimento" (Helen North, *Sophrosune: Self-Knowledge and Self-Restraint in Greek Literature*. Ithaca: Cornell University Press, p. 26).

44 σωφρονεῖν ἀρετὴ μεγίστη καὶ σοφίη ἀληθέα λέγειν καὶ ποιεῖν κατὰ φύσιν ἐπαΐοντας. Concordo com Charles H. Kahn, em *The Art and Thought of Heraclitus* (Cambridge: Cambridge University Press, pp. 120-3), que a ambiguidade sintática deve ser conservada; faz parte da "densidade linguística" (pp. 87-95) característica de Heráclito, assim como é difícil o conceito de "fazer o que é verdadeiro" (p. 122).

45 Charles H. Kahn, op. cit., p. 14; cf. também pp. 116--23, 251-2.

46   O *Górgias* parece ser um diálogo de transição nesse
      sentido. A *sōphrosune* aparece, em 506-507, como a
      virtude básica e possui um papel estrutural, mas (1) ela
      aparece como autocontrole em vez de autoconhecimen-
      to, e (2) talvez, em consequência disso, não fique nada
      claro como ela forma ou pode formar a base cognitiva
      de todas as virtudes.

47   Assim, o corpo é externo ao eu "real", cf. o mito de
      Górgias em que os corpos são apresentados como algo
      exterior às almas como as roupas são exteriores ao cor-
      po [523c-525a]. No *Alcibíades*, a ideia é introduzida de
      maneira desajeitada em 129b-c: Sócrates está falando;
      falar é usar a fala; usar em geral supõe que o usuário e
      o usado são distintos.

48   Cf. Olimpiodoro, 203-204, para as opiniões de Proclo
      e Damáscio (semelhantes quanto ao ponto que nos
      interessa), e 209-210, para a opinião dele próprio:
      "αυτό το αυτό" καλεί την λογικήν ψυχήν, μή χρωμένην
      οργάνω τω σώματι, ή το εν σώματι ζην, οίον το καθαρτικών
      και το θεωρητικόν αυτό δε την λογικήν ψυχήν την προςχ-
      ρωμένην οργάνων τοῖς πάθεσι και τω σώματι τουτέστι την
      πολιτικήν ψυχήν.

49   A interpretação de Allen me parece basicamente corre-
      ta, exceto pelo fato de ele inferir, com demasiada rapi-
      dez, que um argumento para algo com características
      quase de forma é uma referência a uma "teoria" das
      formas, e também inferir que as formas são universais.

50   Sobre as complicações deste ponto, ver J. Brunschwig
      em "Sur quelques emplois d'*ὄψις*" (*Zetesis*, *Album for*
      E. de Strycker, pp. 24-39, 1973).

51   As palavras "Deus e sabedoria" são duvidosas (Olim-
      piodoro as omite), e alguns estudiosos corrigem *θεόν*
      para *θεάν* para manter Deus fora da nossa alma, mas
      isso é, ao mesmo tempo, arriscado e ridículo.

52   Em Estobeu, a passagem começa e termina com: "E nós
      concordamos que conhecer a si mesmo é *sōphrosune*".
      Se essa passagem for autêntica e essa for a versão ori-
      ginal, podemos ver como todo o trecho pode cair por
      causa da nossa ditografia. Mas poderia igualmente si-

nalizar uma inserção desastrada em algum momento. Alguns estudiosos, como Eugen Dönt, em "'Vorneuplatonisches' im *Grossen Alkibiades*" (*Wiener Studien*, v. 77, pp. 37-51, 1964), e Rudolph Wiggers, em "Zum grossen Alcibiades, 132a-133c" (*Philologisches Wochenschrift*, v. 52, n. 25, col. 700-3, 1932), afirmam que 134d5 faz remissão a essa passagem, mas não é convincente. A passagem duplicada contém a palavra ἔνπτρον, não encontrada em nenhum outro lugar de Platão, o qual, em suas frequentes referências ao espelho, usa sempre κάτοπτρον. A gramática da segunda frase longa de Sócrates é difícil de interpretar. Além disso, a passagem suspeita estraga a metáfora. O que se diz é que, para ver a si mesmo, o olho deve olhar-se em outro olho (o que parece razoável numa cultura em que os espelhos de metais eram incapazes de oferecer um reflexo nítido do olho como acontece em outro olho). Por analogia, uma alma deveria olhar para outra alma e *ali* ver Deus. Mas agora o que se diz abruptamente é que Deus é um espelho melhor e mais nítido, assim como há espelhos melhores que olho para o olho. Deus, assim, parece estar tanto fora quanto dentro da alma. É tentador ver a passagem como obra de um autor pagão tardio ou cristão preocupado em salvar Platão da ideia de que Deus está dentro de nossas almas, e trazendo, apressadamente, Deus como algo que nos é exterior. Favrelle conclui que a passagem é espúria.

53 Vale a pena contrastar a imagem superficialmente semelhante dos olhos espelhando olhos no *Fedro* [255d-e] (embora as diferenças dificilmente provem, como Eugen Dönt, em "'Vorneuplatonisches' im *Grossen Alkibiades*" [*Wiener Studien*, v. 77, pp. 37-51, 1964] supõe, que o autor do *Alcibíades* não é Platão!). No *Fedro*, o amante vê o contra-*eros* do seu *eros* nos olhos do outro amante, e sua própria visão é infectada por ele como se ele tivesse contraído oftalmia. Esse desprezo insosso pouco tem a ver com a tentativa que vemos em *Alcibíades* de usar o espelhamento como uma imagem para a obtenção do autoconhecimento.

54   Há outros pressentimentos, anteriores a Platão, da ideia
      de que a razão dentro de nós é Deus. Cf. Aristóteles,
      Protéptico, fr. B110 Düring: *ὁ νοῦς γὰρ ἡμῶν ὁ θεός, εἴτε*
      Ἑρμότιμος εἴτε Ἀναξαγόρας εἶπε τοῦτο. A referência, con-
      tudo, pode ter sido um acréscimo de Iâmblico, e Aristó-
      teles talvez estivesse citando uma famosa frase de Eurípe-
      des, *ὁ νοῦς γὰρ ἡμῶν ὁ θεός* [fr. 1018 Nauck[2]]. Já houve
      quem relacionasse Eurípedes a Anaxágoras, cf. *Troades*,
      884-886: *ὦ γῆς ὄχημα κἀπὶ γῆς ἔχων ἕδραν, ὅστις ποτ᾽*
      εἶ σύ, δυστόπαστος εἰδέναι, Ζεύς, εἴτ᾽ ἀνάγκη φύσεος εἴτε
      νοῦς βροτῶν... Contudo, por mais interessantes que se-
      jam essas relações, as finalidades dramáticas de Eurí-
      pedes nada têm em comum com o que sabemos do uso
      de *νοῦς* feito por Anaxágoras, e Platão inova brilhante-
      mente ao relacionar a ideia de Deus como razão em nós
      com o *auto*conhecimento.

55   *Sōphrosune* como autocontrole não aparece de forma
      explícita, mas implícita, na imensa ênfase dramática
      posta no autocontrole de Sócrates, tanto na batalha an-
      tes da abertura do diálogo quanto no diálogo, quando
      é sexualmente tentado pelo corpo de Cármides. Platão
      parece indicar que o autocontrole supõe a *sōphrosune*,
      mas não é candidato a definir a essência dessa virtude.

56   Podemos deixar a tradução menos abrupta acrescentan-
      do um passo: conhecimento de mim — conhecimento
      do que sei — conhecimento do conhecimento em si.
      Mas (como Dyson ressalta) fazer isso é inverter a ordem
      dos passos de Platão. Ele considera o conhecimento do
      que sei apenas depois que a transição é feita; não parece
      apoiar-se nela para tornar a transição plausível.

57   Cf. T. Godfrey Tuckey, op. cit., pp. 33-7, e apêndices I e
      III. Ver também Gerasimos Santas, "Socrates at Work on
      Virtue and Knowledge in Plato's *Charmides*" (In: LEE,
      Edward N.; MOURELATOS, Alexander; RORTY, Richard
      (Eds.). *Exegesis and Argument*. Apres. Gregory Vlastos.
      Nova York: Humanities Press, 1973, supl. Phronesis I),
      pp. 119-20 e n. 12; M. Dyson, "Some Problems Concer-
      ning Knowledge in Plato's 'Charmides'" (*Phronesis*, v. 19,
      n. 2, pp. 103-6, 1974); Bernd Witte, *Die Wissenschaft*

vom Guten und Bösen: Interpretationen zu Platons Charmides (Berlim: De Gruyter, 1970, p. 110, n. 58); Ekkehard Martens, *Das selbstbezügliche Wissen in Platons Charmides* (Munique: Carl Hanser Verlag, 1973, pp. 40-5); e Theodor Ebert, Meinung und Wissen in der Philosophie Platons: Untersuchungen zum "Charmides", "Menon" und "Staat" (Berlim: De Gruyter, 1974, pp. 65-7).

58 170c; cf. T. Godfrey Tuckey, op. cit., 58-9.

Bibliografia

ADAM, Rudolf. "Ueber Echtheit und Abfassungszeit des platonischen *Alcibiades 1*". *Archiv fur Geschichte der Philosophie*, v. 14, pp. 40-65, 1901.

ALLEN, R. E. "Note on *Alcibiades 1*, 129b1". *American Journal of Philology*, v. 83, n. 2, pp. 187-90, 1962.

BLUCK, R. S. "The Origin of the *Greater Alcibiades*". *Classical Quarterly*, v. 3, pp. 46-52, 1953.

BOS, Cornelius Anton. *Interpretatie, vaderschap en datering van de Alcibiades Maior*. Culemborg, 1970.

BOYANCÉ, Pierre. "Cicéron et le *Premier Alcibiade*". *Revue des Études Latines*, v. 41, pp. 210-29, 1963.

BRUNSCHWIG, J. "Sur quelques emplois d'ὄψις". *Zetesis, Album for E. de Strycker*, pp. 24-39, 1973.

CARLINI, Antonio. "Studi sul testo della quarta tetralogia platonica". *Studi Italiani di Filologia Classica*, v. 34, pp. 169-89, 1962.

_____. "Alcuni dialoghi pseudo-Platonici e l'Accademia di Arcesilao". *Annali della Scuola Normale Superiore di Pisa*, v. 31, pp. 33-63, 1962.

CLARK, Pamela M. "The *Greater Alcibiades*". *Classical Quarterly*, v. 5, n. 3-4, pp. 231-40, 1955.

COURCELLE, Pierre. "Cicéron et le precepte delphique". *Giornale Italiano di Filologia*, v. 21, pp. 109-20, 1969.

CROISET, Maurice. *Platon, œuvres complètes*. Paris: Les Belles Lettres, 1959. v. 1. pp. 47-59 (introdução ao *Alcibíades*).

DILLON, John M. "Harpocration's *Commentary on Plato:* Fragments of a Middle Platonic Commentary". *California Studies in Classical Antiquity*, v. 4, pp. 125-46, 1971.

DÖNT, Eugen. "Die Stellung der Exkurse in den pseudo-platonischen Dialogen". *Wiener Studien*, v. 76, pp. 27-51, 1963.

_____. "'Vorneuplatonisches' im *Grossen Alkibiades*". *Wiener Studien*, v. 77, pp. 37-51, 1964.

DYSON, M. "Some Problems Concerning Knowledge in Plato's 'Charmides'". *Phronesis*, v. 19, pp. 102-11, 1974.

EBERT, Theodor. *Meinung und Wissen in der Philosophie Platons: Untersuchungen zum "Charmides", "Menon" und "Staat"*. Berlim: De Gruyter, 1974.

FAVRELLE, Geneviève. "Sources chrétiennes". In: EUSÉBIO DE CESAREIA. *La Préparation évangélique, Livre XI*. Paris: Les Éditions du Cerf, 1982. p. 292.

FRIEDLÄNDER, Paul. *Der Grosse Alkibiades: Ein Weg zu Plato*. Bonn, 1921.

_____. *Der Grosse Alkibiades: Kritische Erörterungen*. Bonn, 1923.

_____. "Socrates Enters Rome". *American Journal of Philology*, v. 66, pp. 337-51, 1945.

_____. *Plato*. 3 v. Trad. de Hans Meyerhoff, Nova York: Princeton University Press, 1958/1964/1969. v. 2. pp. 231-43.

HEIDEL, William Arthur. *Pseudo-Platonica*. Baltimore, 1896; reimpr. Nova York: Arno Press, 1976.

IÂMBLICO. *Fragments of Commentaries on Plato's Dialogues*. Trad. e ed. de John M. Dillon. Leiden: Brill, 1973.

ISNARDI, Margherita. "Note al dialogo pseudo-platonico *Anterastae*". *La Parola del Passato*, v. 9, pp. 137-43, 1954.

KAHN, Charles H. *The Art and Thought of Heracleitus*. Cambridge: Cambridge University Press, 1979.

MARTENS, Ekkehard. *Das selbstbezügliche Wissen in Platons "Charmides"*. Munique: Carl Hanser Verlag, 1973.

MOTTE, André. "Pour l'authenticité du *Premier Alcibiade*". *L'Antiquité Classique*, v. 30, pp. 5-32, 1961.

NORTH, Helen. *Sophrosune: Self-Knowledge and Self-Restraint in Greek Literature*. Ithaca: Cornell University Press, 1966.

_____. *From Myth to Icon: Reflections on Greek Ethical*

Doctrine in Literature and Art. Ithaca: Cornell University Press, 1979.

OLIMPIODORO. *Commentary on the First Alcibiades.* Ed. Leendert Gerrit Westerink. Amsterdam: North-Holland Publishing, 1956.

PÉPIN, Jean. "Que l'homme n'est rien d'autre que son âme: Observations sur la tradition du *Premier Alcibiade*". *Revue des Études Grecques*, v. 82, pp. 56-70, 1969.

_____. *Idées grecques sur l'homme et sur dieu.* Paris: Les Belles Lettres, 1971, parte 1.

PLATÃO. *Hippias Major.* Trad. e comentário de Paul Woodruff. Indiana: Hackett Publishing, 1983.

PROCLO. *Commentary on the First Alcibiades.* Ed. de Leendert Gerrit Westerink. Amsterdam: Nort-Holland Publishing, 1954.

_____. *Commentary on Alcibiades I.* Trad. e coment. de W. O'Neill. Haia: M. Nijhoff, 1965.

SANTAS, Gerasimos. "Socrates at Work on Virtue and Knowledge in Plato's *Charmides*". In: LEE, Edward N.; MOURELATOS, Alexander; RORTY, Richard (Eds.). *Exegesis and Argument.* Apres. Gregory Vlastos. Nova York: Humanities Press, 1973. (Suplemento *Phronesis* 1).

SCHLEIERMACHER, Friedrich. *Introductions to the Dialogues of Plato.* Trad. de William Dobson. Cambridge, 1836; reimpr. Nova York: Ayer Co Pub, 1973.

SOUILHÉ, Joseph. *Platon: Œuvres complètes.* Paris: Les Belles Lettres, 1962. v. XIII, 2ª parte. pp. 105-12 (introdução a *Amantes*).

SPRAGUE, Rosamond Kent. *Plato's Philosopher-King.* Columbia: University of South Carolina Press, 1976.

DE STRYCKER, E. "L'Authenticité du premier *Alcibiade*". *Les Études Classiques*, v. 11, pp. 135-51, 1942. Também publicado em BIDEZ, Joseph. *Eos, ou Platon et l'Orient.* Bruxelas: M. Hayez, 1945. cap. 13, pp. 101-25.

TAYLOR, C. C. W. *Plato's Protagoras.* Oxford: Clarendon Press, 1976.

THESLEFF, Holger. *Studies in Platonic Chronology.* Helsinki: Societas Scientiarum Fennica, 1982. *(Commentationes humanarum litterarum, v. 70).* pp. 214-7.

TUCKEY, T. Godfrey. *Plato's Charmides*. Cambridge: Cambridge University Press, 1951.

VLASTOS, Gregory. "Plato's Testimony Concerning Zeno of Elea". *Journal of Hellenic Studies*, v. 95, pp. 136-72, 1973 (sobretudo o Apêndice, pp. 155-61).

WIGGERS, Rudolph. "Zum grossen *Alcibiades*, 132a-133c". *Philologisches Wochenschrift*, v. 52, n. 25, col. 700-3, 1932.

WILKINS, Eliza Gregory. *"Know Thyself" in Greek and Latin Literature*. Chicago: George Banta, 1917; reimpr. Nova York/Londres: Garland Pub, 1979.

WITTE, Bernd. *Die Wissenschaft vom Guten und Bösen: Interpretationen zu Platons Charmides*. Berlim: De Gruyter, 1970.

Alcibíades I[1]

ou
Conhece-te a ti mesmo

PERSONAGENS: SÓCRATES E ALCIBÍADES

103a SÓCRATES Filho de Clínias, suponho espantar-te o fato de apenas eu, o primeiro a ficar apaixonado por ti, não me afastar, mesmo após todos os outros terem desistido. Além do mais, enquanto eles se amontoavam a tua volta, falastrões, eu não lhe dirigi a palavra por anos. A causa disso não tem origem humana, mas, sim, em um certo impedimento espiritual cujo poder tu aprenderás mais tarde.

b Agora, como nada mais me impede, cá estou, esperançoso de não encontrar impedimentos também no porvir. Tenho te analisado de perto ao longo desse tempo, examinando como te portas diante de quem por ti se apaixona. Dentre tantos e tão orgulhosos que vieram, não houve um que, de-

104a preciado em orgulho por ti, não tenha fugido. Permita-me listar as razões de seres o mais orgulhoso. Afirmas que nenhum dos humanos te é minimamente necessário. Graças à tua profusão de recursos, não necessitas de nada, desde o corpo até a alma. Isso porque te julgas ser o mais belo e grandioso, e, nesse caso, fica evidente a todos que não mentes. Ademais, pertencerias à família mais atuante da

b tua cidade, que seria, por sinal, a maior da Grécia. Da parte de teu pai, terias inúmeros parentes e amigos entre os excelentes. Se necessitasses de algo, eles te providenciariam. Aqueles da parte de tua mãe não seriam em nada menores ou inferiores. Acima de tudo isso que foi dito, julgas derivar o teu poder de Péricles, filho de Xantipo, a quem teu pai estabeleceu como teu guardião e de teu irmão. Ele pode fazer o que deseja, não só na cidade, mas em toda a Grécia, incluindo ainda enormes e numerosas populações de bárbaros. Acrescentarei também as tuas riquezas, apesar de me parecer que demonstras, por elas, menos orgulho.

c Vangloriando-se de tudo isso, tu sobrepujaste teus amantes; estes, em desvantagem, acabaram sobrepujados. Nada disso te escapa. Espanta-te apenas, bem o sei, o que eu teria em mente para não renunciar ao meu amor. Dotado de qual esperança permaneço enquanto todos os outros já fugiram?

ALCIBÍADES O que talvez tu não saibas, Sócrates, é que me
d antecipaste por pouco. Eu tinha mesmo a intenção de me aproximar para te perguntar o que tanto desejas e, ainda, em vista de qual esperança me importunas, ao sempre te posicionares cuidadosamente perto de mim. Espanto-me com isso e me agradaria compreender a tua atitude.

SÓCRATES É provável que me escutarás de coração se, como dizes, desejas saber o que me passa pela mente. Falo, portanto, a um ouvinte que persistirá.

ALCIBÍADES Certamente, mas fala!

e SÓCRATES Pensa bem... pois não seria espantoso se a dificuldade que tive para dar o primeiro passo for também a dificuldade de pôr um ponto-final.

ALCIBÍADES Apenas fala, meu bom, pois escutarei!

SÓCRATES Dizer, eu devo! Ou deveria, é difícil para o apaixonado se apresentar a um homem que não sucumbe aos apaixonados. Mesmo assim, devo ousar expor o que trago em mente. Alcibíades, eu teria, desde muito tempo, renunciado
105a ao meu amor caso te visse apegado a essas coisas que listei, julgando-as suficientes para levar a vida. No entanto, estou

convencido de que tu tens outras coisas em mente. Vou de-
clará-las agora, cara a cara. Entenderás, enfim, por que con-
tinuo a ocupar a minha mente contigo. Na minha opinião,
se algum dos deuses te dissesse: Alcibíades, o que preferes,
viver tendo tudo que agora tens ou morrer neste instante caso
não possas alcançar algo maior? Acredito que escolherias cair
morto. Permita-me dizer ainda qual é a esperança com que
vives. Tens para ti que, ao te apresentares diante do povo de
Atenas (e isso ocorrerá em bem poucos dias), essa apresen-
b   tação vai provar aos atenienses o valor pelo qual deves ser
estimado até mesmo mais do que Péricles ou qualquer outro
dos que antes vieram. Essa prova te dará o poder maior na
cidade. Se fores o maioral aqui, também o serás nas outras
cidades gregas, e não só na Grécia, mas também entre tantos
bárbaros quantos habitem o nosso continente. E se o tal deus
ainda te dissesse ser preciso restringir o poderio à Europa,
não te sendo possível atravessar a Ásia nem supervisionar as
c   ações deles, ou mesmo se os supervisionasse, mas apenas a
eles, não acredito que escolherias viver, a menos que fosse
para preencher toda a humanidade com o teu nome e poder,
como diz o ditado. Também julgo teres para ti que, além de
Ciro e Xerxes, ninguém jamais teve valor para merecer a própria reputação. Que tens mesmo essa esperança, bem o sei e
não fantasio, mas, mesmo se falo a verdade, talvez tu digas:
Por que, Sócrates, me vens com esse discurso quando te pro-
puseras a investigar por que não te afastavas de mim? Pois te
d   respondo, prezado filho de Clínias e Dinômaca, é porque, sem
mim, te será impossível tornar realidade tudo isso que tens em
mente. Relevante assim é o poder que acredito exercer sobre
ti e tuas ações. Julgo que, também por isso, a divindade não
me deixava conversar contigo antes. Acabei ficando por perto
até a permissão chegar, pois assim como tu tens a esperança
de provar à cidade que, nela, és o mais digno de todos e que,
e   uma vez provado, não te submetes ao poder de ninguém, da
mesma forma eu, junto a ti, espero ter grandes poderes pro-
vando que, para ti, sou o mais valoroso de todos. Não há

guardião, parente ou ninguém além de mim capaz de dar o
poder que desejas, com ajuda divina, é claro. Quando eras
mais jovem, antes de seres carregado com essas importantes
esperanças, acredito que o deus não me permitia conversar
contigo para evitar uma conversa estéril. Se agora fui envia-
106a do, é porque agora me escutarás.

ALCIBÍADES Um excêntrico, Sócrates, e dos grandes, é
como tu te revelas agora que começaste a falar. Ainda mais
do que quando me seguias em silêncio (e, àquela época, já
se via o quanto o eras). Sobre eu ter tais coisas em mente ou
não, me parece que já deste o teu diagnóstico. Desse modo,
ainda que eu negue, nada será suficiente para convencer-te.
Que seja! Mas, se eu fosse como sou segundo tu, ainda tens
de dizer por que, sem ti, eu não me realizaria.

b   SÓCRATES Desafias-me a declamar um discurso longo, à
moda daqueles que te acostumaste a escutar? Esse não é o
meu estilo, porém julgo ser capaz de provar-te que as coisas
são assim caso me concedas apenas um pequenino serviço.

ALCIBÍADES Ora, se dizes que o serviço não é difícil, eu
concedo.

SÓCRATES E, por acaso, responder perguntas é considerado
difícil?

ALCIBÍADES Não é difícil.

SÓCRATES Então, responde.

ALCIBÍADES Pergunta!

SÓCRATES Tens em mente, te pergunto, aquilo que afirmei
c   teres em mente?

ALCIBÍADES Que seja como queiras, pois só assim saberei o que tens a dizer.

SÓCRATES Então vamos lá. Tens em mente, como afirmei, apresentar-te aos atenienses, em breve, oferecendo-lhes conselhos. Se estivesses a ponto de subir à tribuna e eu te cooptasse perguntando: sobre o que, Alcibíades, os atenienses se propuseram a receber conselhos? Para tu te ergueres no intuito de aconselhar, deve ser sobre algo que conheces melhor do que eles, não é? O que me responderias?

d   ALCIBÍADES Eu diria, de fato, ser sobre aquilo que sei mais do que eles.

SÓCRATES Portanto, és um bom conselheiro sobre aquilo que porventura sabes?

ALCIBÍADES Pois como não?

SÓCRATES E sabes apenas aquilo que aprendeste de outros ou o que descobriste por ti mesmo?

ALCIBÍADES O que mais eu saberia?

SÓCRATES Mas é possível teres aprendido ou descoberto algo sem querer aprender ou investigar por ti mesmo?

ALCIBÍADES Não é.

SÓCRATES Por acaso irias querer investigar ou aprender aquilo que julgasses já saber?

ALCIBÍADES De jeito nenhum.

e   SÓCRATES Ora, então havia um tempo em que consideravas não saber o que agora porventura conheces?

ALCIBÍADES Necessariamente.

SÓCRATES O que aprendeste, mais ou menos, eu sei. Se algo me escapou, basta dizer. Segundo me lembro, tu aprendeste as letras, a tocar cítara e a lutar. A tocar flauta, jamais quiseste aprender. Portanto, é isso que tu conheces, a menos que me tenhas passado desapercebido enquanto aprendia outro assunto. No entanto, acredito que não saías de casa nem de noite, nem de dia.

ALCIBÍADES Não frequentei nenhum curso além desses.

107a SÓCRATES Então, qual deles utilizará? Quando os atenienses formarem um conselho acerca das letras, sobre como deveriam escrever corretamente, talvez te ergas a fim de aconselhá-los?

ALCIBÍADES Por Zeus, eu não!

SÓCRATES Então, quando for acerca dos golpes na lira?

ALCIBÍADES Jamais!

SÓCRATES Eles tampouco costumam formar conselhos em assembleia para lidar com as lutas.

ALCIBÍADES Também não.

SÓCRATES Mas então será quando se formar um conselho sobre o quê? Certamente não será naqueles acerca da construção de casas.

ALCIBÍADES Não, de fato.

SÓCRATES Pois, para tanto, um construtor trará conselhos melhores que os teus.

b   ALCIBÍADES Sim.

SÓCRATES Nem quando formarem um conselho sobre adivinhação?

ALCIBÍADES Não.

SÓCRATES Pois, nisso, qualquer adivinho te superaria.

ALCIBÍADES Sim.

SÓCRATES Fosse este pequeno ou grande, belo ou feio, e ainda nobre ou ordinário.

ALCIBÍADES E como não?

SÓCRATES Pois acredito que o conselho sobre cada assunto não dependa das riquezas, mas, sim, da sabedoria.

ALCIBÍADES E como não?

SÓCRATES O fato de um proponente ser pobre ou rico não fará diferença para os atenienses caso aconselhe sobre a saúde na cidade. Eles se certificarão apenas de que o tal conselheiro seja um médico.

ALCIBÍADES É razoável que sim.

SÓCRATES E quando examinarem o quê, tu, erguendo-te como conselheiro, vais erguer-te com propriedade?

ALCIBÍADES As práticas deles mesmos, Sócrates.

SÓCRATES Falas de construção naval, sobre quais tipos de navios eles precisam construir?

ALCIBÍADES Eu não, Sócrates.

SÓCRATES Pois não acho que conheças de construção naval. Essa é a causa ou alguma outra?

ALCIBÍADES Não, essa mesmo.

d SÓCRATES Tu queres dizer, então, quando forem formar um conselho, sobre quais dentre as práticas deles?

ALCIBÍADES Aquelas sobre a guerra ou a paz, Sócrates, e outras práticas políticas.

SÓCRATES Ora, queres dizer quando formarem um conselho para decidir se precisam fazer guerra ou paz com alguém e de qual maneira?

ALCIBÍADES Sim.

SÓCRATES E não é preciso fazê-lo com quem for mais adequado?

ALCIBÍADES Sim.

SÓCRATES E quando for melhor?

ALCIBÍADES Isso.

e SÓCRATES E pelo tempo que for melhor?

ALCIBÍADES Sim.

SÓCRATES Se os atenienses precisassem de conselhos sobre com quem lutar por golpes ou por contato e, ainda, em qual estilo, tu ou um treinador de luta ofereceria conselhos mais adequados?

ALCIBÍADES O treinador, por certo.

SÓCRATES Também tens de dizer em vista do que um treinador aconselharia sobre com quem se deve e com quem não se deve lutar, e ainda em qual estilo e ocasião. Eu digo que se deve lutar com quem for melhor fazê-lo, não?

ALCIBÍADES Sim.

108a SÓCRATES E no estilo que for mais adequado?

ALCIBÍADES Assim mesmo.

SÓCRATES E, ainda, enquanto for mais adequado?

ALCIBÍADES Certamente.

SÓCRATES E quem canta, por sua vez, deve tocar cítara durante a cantoria e marcar o passo?

ALCIBÍADES Pois deve.

SÓCRATES Enquanto for melhor?

ALCIBÍADES Sim.

SÓCRATES E no melhor estilo?

ALCIBÍADES Confirmo!

SÓCRATES O quê? Denominas os dois de "melhor", o tocar cítara junto do canto e o lutar por contato, mas o que
b   chamarias de melhor no caso do tocar cítara? No caso do lutar, eu chamo de atlético. E tu, em relação àquele, do que chamarias?

ALCIBÍADES Não entendo.

SÓCRATES Tenta me imitar, pois o meu modo de responder também se aplica corretamente a todos os outros. Corretamente, de fato, é o que vem a ser de acordo com uma arte, ou não?

ALCIBÍADES Sim.

SÓCRATES Essa arte não era uma atividade atlética?

ALCIBÍADES Como não?

SÓCRATES Por isso eu dizia que, no caso do lutar, "melhor" equivale a mais "atlético".

ALCIBÍADES Pois disseste.

SÓCRATES Belamente?

ALCIBÍADES Assim me parece.

SÓCRATES Então vai, tu também, pois agora ficou claro por onde passa o belo raciocínio. Diga primeiro quem possui a arte de tocar cítara, cantar e marcar passo corretamente, todas juntas, podes dizer como se chama?

ALCIBÍADES Não mesmo.

SÓCRATES Tenta o seguinte: quais são as deusas dessa arte?

ALCIBÍADES Por acaso queres dizer as musas, Sócrates?

SÓCRATES Sim, agora veja: qual arte tira daí o seu nome?

ALCIBÍADES A música, acho que é isso que queres dizer.

SÓCRATES Pois digo. Então, segundo esta, como é que algo vem a ser corretamente? Tal qual eu te dizia corretamente segundo a arte atlética, também tu, nesse caso, o que dirias? Como seria feito?

ALCIBÍADES Musicalmente, me parece.

SÓCRATES Dizes bem, continuemos, pois. E o melhor no guerrear e firmar a paz, do que denominarias um tal "me-
e lhor"? Tal qual, ainda agora, dizias um ser o melhor por ser mais musical e, antes, o mais atlético, tenta dizer o melhor neste outro caso.

ALCIBÍADES Não tenho muito a dizer.

SÓCRATES Mas imagina-te dando conselhos sobre alimenta-ção e dizendo isso ser melhor do que aquilo nessa ocasião e quantidade. Se alguém te perguntasse: O que queres dizer por melhor, Alcibíades? Nesse caso, terias o que dizer: É melhor porque é o mais saudável. Nesse caso, a pretensão de ser um médico seria vergonhosa. No entanto, acerca do que tens a pre-
109a tensão de ser um conhecedor e, erguendo-te, aconselhar com sabedoria, não faz sentido que te envergonhes ao responder que não tens o que dizer? Ou isso não se mostra vergonhoso?

ALCIBÍADES Muito.

SÓCRATES Então examina com empenho a fim de dizer o que abarca o "melhor" no caso do firmar a paz e guerrear com quem se deve.

ALCIBÍADES Examino, porém nada me vem à mente.

SÓCRATES Não sabes por que, ao fazermos guerra, acusa-mos uns aos outros e nos submetemos a vários sofrimentos a fim de guerrear? Sabes em nome de que o fazemos?

b   ALCIBÍADES Eu, sim. É porque nos sentimos enganados, violentados ou roubados.

SÓCRATES Aí está! De que modo sofremos cada um desses sentimentos? Tenta dizer o que distingue este daquele.

ALCIBÍADES Queres dizer, Sócrates, sofrer justa ou injustamente?

SÓCRATES Isso mesmo.

ALCIBÍADES Uma diferença completa e absoluta.

SÓCRATES E contra quem tu aconselharás os atenienses a guerrear, os injustos ou aqueles que agem com justiça?

c   ALCIBÍADES Que pergunta capciosa! Pois mesmo quando alguém considera que se deve guerrear contra os justos, jamais o admitirá.

SÓCRATES Porque não pareceria legítimo.

ALCIBÍADES Não mesmo. Tampouco seria belo, segundo a opinião comum.

SÓCRATES Em vista disso tu ajustarás a composição de teus discursos?

ALCIBÍADES Necessariamente.

SÓCRATES Então, quando eu agora perguntava em relação ao guerrear ou não, com quem se deve e com quem não se deve, e ainda em qual ocasião sim ou não, o melhor a fazer calha de ser o mais justo, ou não?

ALCIBÍADES Assim parece.

d SÓCRATES Como assim, amigo Alcibíades? Ou escapa-te o fato de não conheceres o assunto, ou escapaste tu de mim enquanto aprendias com o professor que frequentavas, o qual te ensinou a reconhecer o mais justo e o mais injusto. E me mostra ainda quem ele é, a fim de que me recomendes também como seu frequentador.

ALCIBÍADES Quanto escárnio, Sócrates!

SÓCRATES Não! Juro pelo protetor dos amigos, o meu e o teu,
e a quem eu jamais perjuraria. Se tiveres alguém, diz quem é.

ALCIBÍADES E se não tiver? Não julgas que eu possa saber sobre questões de justiça e injustiça de outro modo?

SÓCRATES Sim... se tivesses investigado.

ALCIBÍADES E não aceitas que eu tenha investigado por mim mesmo?

SÓCRATES Plenamente... se sentisses necessidade.

ALCIBÍADES E não julgas que eu tenha sentido necessidade?

SÓCRATES Eu, sim... se julgasses não saber.

ALCIBÍADES E não pode ter sido desse modo?

SÓCRATES Belas palavras. Por conseguinte, tens de dizer qual foi esse tempo em que julgavas não saber sobre ações justas
110a e injustas. Vejamos! Ano passado, sentias essa necessidade e pensavas não saber? Responde a verdade para que nosso raciocínio não se torne vão.

ALCIBÍADES Eu achava que sabia.

SÓCRATES E, há três anos, ou quatro, ou cinco, não achavas mesmo?

ALCIBÍADES Eu, sim.

SÓCRATES Antes disso, eras uma criança.

ALCIBÍADES Sim.

SÓCRATES Uma criança que, bem o sei, achavas que sabias.

ALCIBÍADES Como assim, "bem o sei"?

b   SÓCRATES Várias vezes, ouvia-te, ainda criança, nas aulas
e alhures, inclusive quando jogavas dados[2] ou brincavas de
outras brincadeiras. Tu não demonstravas dúvidas relativas
à justiça e à injustiça, pelo contrário, dizias alto e pleno de
confiança, a qualquer criança, o quão ruim e injusta ela era
e como cometia tais injustiças. Falo a verdade ou não?

ALCIBÍADES Mas o que eu poderia fazer, Sócrates, nas oca-
siões em que eram injustos comigo?

SÓCRATES Tu é que me diz! Caso desconhecesses quando é
que sofrias ou não alguma injustiça, o que seria preciso fazer?

c   ALCIBÍADES Meu Zeus, mas eu não desconhecia! Eu reco-
nhecia claramente que me injustiçavam.

SÓCRATES Parece, portanto, que julgas ter conhecido a justiça
e a injustiça ainda criança.

ALCIBÍADES Eu, sim. Conhecia mesmo.

SÓCRATES E quando descobriste? Por certo não foi no tempo em que julgavas já saber.

ALCIBÍADES Não mesmo.

SÓCRATES Mas quando é que trazias essa ignorância? Examina, pois um tal tempo não encontrarás.

ALCIBÍADES Meu Zeus, Sócrates, não tenho o que dizer.

d SÓCRATES Logo, não se trata de algo que sabes por haver descoberto.

ALCIBÍADES Não me parece, de fato.

SÓCRATES Mas acabaste de afirmar que também não conheceste por aprendizado. Se não descobriste nem aprendeste, como é que sabes de onde veio?

ALCIBÍADES Talvez eu não tenha te respondido corretamente ao afirmar que sei por haver descoberto.

SÓCRATES Então como teria sido?

ALCIBÍADES Acho que aprendi como qualquer um.

SÓCRATES Retornamos ao mesmo ponto do raciocínio. Precisa me falar com quem!

e ALCIBÍADES Com a comunidade.

SÓCRATES Não recorres a professores sérios ao ressaltar a comunidade.

ALCIBÍADES Mas como? Eles não são qualificados para ensinar?

SÓCRATES Nem mesmo jogos de tabuleiro. E acho que esses são mais triviais do que as questões de justiça, não achas?

ALCIBÍADES Sim.

SÓCRATES E mesmo sendo incapazes de ensinar o mais trivial, ensinam o mais sério?

ALCIBÍADES Acho que sim, pois também ensinam muitas
coisas mais sérias do que jogos de tabuleiro.

SÓCRATES Quais?

111a ALCIBÍADES Aprendi a falar grego com eles, por exemplo,
e não tenho sequer um professor em particular para citar;
mesmo assim, quando os ressalto, tu dizes não serem professores sérios.

SÓCRATES Meu nobre homem, para isso as comunidades
são boas professoras e, se quisermos ser justos, devemos
louvá-las por tal ensinamento.

ALCIBÍADES Por quê?

SÓCRATES Porque, nesse caso, elas têm o que é preciso para
ser um bom professor.

ALCIBÍADES O que queres dizer?

b   SÓCRATES Pois não sabes que para ensinar é preciso primeiro saber?

ALCIBÍADES Como não?

SÓCRATES E aqueles que sabem devem concordar entre si,
sem divergir?

ALCIBÍADES Sim.

SÓCRATES E sobre o que divergem, dirias que eles sabem?

ALCIBÍADES De fato, não.

SÓCRATES E poderiam ser professores assim?

ALCIBÍADES De jeito nenhum.

SÓCRATES Tu julgas que a comunidade diverge sobre o que é uma pedra ou uma madeira? Se perguntares a alguns, eles não concordarão a respeito? E também se dirigirão às mesmas coisas sempre que desejarem pegar uma pedra ou madeira? Assim será em todos casos similares? Grosso modo, isso é o que entendo quando dizes "saber falar grego", não é?

ALCIBÍADES Sim.

SÓCRATES Nesses casos, como dissemos, uns concordam com os outros e cada um consigo mesmo em privado. Tampouco as cidades, em público, disputam umas com as outras, essas falando isso, aquelas, aquilo.

ALCIBÍADES Não mesmo.

SÓCRATES Portanto, é provável que sejam bons professores, nesses casos.

ALCIBÍADES Sim.

SÓCRATES Então, se desejássemos fazer com que alguém saiba tais coisas, estaríamos corretos em enviá-lo a uma comunidade a fim de aprender?

ALCIBÍADES Muito.

SÓCRATES E se o que desejássemos saber fosse não apenas

quais são humanos ou cavalos, mas também quais deles são velocistas ou não, a comunidade se qualificaria para ensinar?

ALCIBÍADES Não mesmo.

SÓCRATES Uma vez que nem sequer concordam entre si, eis uma prova qualificada de que não conhecem nem são professores úteis nesse caso?

ALCIBÍADES Para mim, sim.

SÓCRATES E caso desejássemos saber não apenas quais são humanos, mas ainda quais estão saudáveis ou doentes, a comunidade se qualificaria como nossa professora?

ALCIBÍADES Não, de fato.

SÓCRATES Para ti, vê-los divergindo entre si constituiria uma evidência de serem maus professores?

ALCIBÍADES Para mim, sim.

SÓCRATES Mas como? Por acaso, as comunidades aparentam concordar, internamente ou entre si, acerca de quais humanos ou ações sejam justos ou injustos?

ALCIBÍADES Deus, nem mesmo minimamente, Sócrates.

SÓCRATES Acerca disso divergem ao máximo?

ALCIBÍADES Demasiado.

SÓCRATES Acho que nunca viste nem ouviste falar de humanos que divirjam com tanto vigor acerca das questões de saúde a ponto de combater e matar uns aos outros por isso.

ALCIBÍADES Não mesmo.

b   SÓCRATES Mas, quanto a questões de justiça e injustiça, tenho certeza de que sim, e, se não viste, pelo menos escutaste
dos outros em profusão, incluindo de Homero, pois escutaras
a *Odisseia* e também a *Ilíada*.

ALCIBÍADES Muitas vezes, Sócrates.

SÓCRATES Esses poemas não são sobre divergências em questões de justiça e injustiça?

ALCIBÍADES Sim.

SÓCRATES Pelas quais surgiram embates e mortes, seja pela
divergência entre os aqueus e os troianos, seja por aquela entre Odisseu e os pretendentes de Penélope?

c   ALCIBÍADES Dizes a verdade.

SÓCRATES E os mortos em Tânagra, atenienses, espartanos ou
beócios, e, mais tarde, aqueles em Coroneia, onde faleceu teu pai,
Clínias? Julgo que também nesses casos nada além da divergência sobre o justo ou injusto causou os embates e mortes, não foi?

ALCIBÍADES Ainda dizes a verdade.

SÓCRATES E poderíamos afirmar que têm conhecimento acerca
d   do que divergem com tanto vigor a ponto de levarem a cabo as
mais extremas ações ao disputarem uns com os outros?

ALCIBÍADES Aparentemente, não.

SÓCRATES Portanto, recorres a professores os quais tu mesmo concordas que não sabem?

ALCIBÍADES Está parecendo que sim.

SÓCRATES E, oscilando assim, faz algum sentido que saibas sobre justiça e injustiça, sem mostrar haver aprendido com alguém ou descoberto por ti mesmo?

ALCIBÍADES Pelo que dizes, não faz sentido.

e SÓCRATES Vê só, Alcibíades, mais uma vez não dizes com beleza!

ALCIBÍADES Por quê?

SÓCRATES Pois afirmas que sou eu quem diz tais coisas.

ALCIBÍADES Mas como? Por acaso tu não disseste que nada conheço sobre questões de justiça e injustiça?

SÓCRATES Não mesmo.

ALCIBÍADES Então quem foi que disse, eu?

SÓCRATES Sim.

ALCIBÍADES Mas como pode?

SÓCRATES Vê só. Se te pergunto qual é maior, o número um ou o dois, afirmarás ser o dois?

ALCIBÍADES Eu, sim.

SÓCRATES Por quanto?

ALCIBÍADES Por um.

SÓCRATES Nesse caso, qual de nós está dizendo que o dois é maior que o um, por um?

ALCIBÍADES Eu.

SÓCRATES E não sou eu quem pergunta e tu quem respondes?

ALCIBÍADES Sim.

113a SÓCRATES Portanto, ao perguntar, sou eu que apareço como quem diz, ou és tu, que está respondendo?

ALCIBÍADES Eu.

SÓCRATES E caso eu perguntasse quais são as letras em "Sócrates" e tu desses a resposta, qual de nós dois estaria falando?

ALCIBÍADES Eu.

SÓCRATES Segue o raciocínio e diz: quando uma pergunta gera uma resposta, qual dos dois está dizendo, quem pergunta ou quem responde?

ALCIBÍADES Na minha opinião é quem responde, Sócrates.

b SÓCRATES Mas, até aqui, o tempo todo, não fui eu quem perguntou?

ALCIBÍADES Sim.

SÓCRATES Enquanto tu estavas respondendo?

ALCIBÍADES Claro.

SÓCRATES Portanto, as coisas ditas, qual de nós falou?

ALCIBÍADES Me parece, Sócrates, havermos concordado que fui eu.

sócrates E foi dito que Alcibíades, o belo filho de Clínias, não conhece questões de justiça e injustiça. No entanto, ele julga conhecê-las a ponto de almejar ir à assembleia e aconselhar os atenienses sobre aquilo de que nada sabe, não foi isso?

c   ALCIBÍADES Aparentemente.

sócrates Um pouco de Eurípides vem a calhar, Alcibíades, pois arrisca "teres ouvido isto de ti mesmo, não de mim".[3] Não sou eu quem diz, mas tu, donde me acusas em vão. Entretanto, dizes bem, pois apenas com loucura na mente terias um tal objetivo, excelente amigo; ensinar o que não sabes sem ter cuidado de aprender.

d   ALCIBÍADES No entanto, eu acho, Sócrates, que raramente os atenienses e outros gregos formam conselhos acerca do que seja mais justo ou injusto. Assumindo que tais questões são evidentes, eles as deixam de lado para se limitar a examinar quais ações trarão mais vantagens. De fato, não acho que as ações justas e as vantajosas coincidam. Pelo contrário, muitos já lucraram ao cometer grandes injustiças. A outros, acredito que agir com justiça não trouxe vantagem.

sócrates Mas como? Ainda que as ações justas aconte-
e   çam de ser o extremo oposto das vantajosas, não há motivo para julgares saber quais são vantajosas aos humanos e o porquê.

ALCIBÍADES O que me impediria, Sócrates? A menos que viesses me perguntar, outra vez, com quem aprendi ou como descobri por mim mesmo.

sócrates Então ages assim? Ainda que digas algo cuja incorreção também possa ser demonstrada por um argumento prévio, tu julgas que, para o novo, é necessário escutar uma demonstração diferente? Como se o anterior fosse uma roupa que, depois de gasta, tu não guardarias a menos que te oferecessem uma evidência inédita e pura. Todavia, vou deixar passar o teu ataque e, sem desistir do raciocínio, perguntar, mais uma vez, onde adquiriste o conhecimento sobre o que é vantajoso e quem foi o teu professor. Todas aquelas perguntas anteriores, mais uma vez, perguntarei, pois fica claro que retornarás ao mesmo ponto sem poder demonstrar como descobriste ou aprendeste o que sabes sobre o vantajoso. Entretanto, como és refinado e não encontras prazer em um raciocínio já experimentado, vou deixar passar se sabes ou não o que é vantajoso aos atenienses. Então, por que não me demonstras, ao menos, se o que é justo é o mesmo ou diferente do que é vantajoso? Se desejares, pergunta-me, tal como fiz contigo. Caso contrário, conduza o raciocínio por ti mesmo.

ALCIBÍADES Sócrates, não sei se poderia discorrer diante de ti.

SÓCRATES Mas, meu bom, basta me tratar como uma assembleia ou o povo, pois, também nesses casos, será preciso convencer a cada um, não é?

ALCIBÍADES Sim.

SÓCRATES Então, um mesmo indivíduo pode convencer uma pessoa ou um grupo sobre o que se sabe, tal qual o gramático convence uma pessoa ou um grupo acerca da gramática?

ALCIBÍADES Sim.

SÓCRATES Ora, então também quanto aos números, o mesmo indivíduo convencerá uma pessoa ou um grupo?

ALCIBÍADES Sim.

SÓCRATES E este deve ser aquele que sabe, nesse caso, um matemático?

ALCIBÍADES Certamente.

SÓCRATES Portanto, se tu podes convencer um grupo, convencerás também apenas um indivíduo?

ALCIBÍADES Faz sentido.

SÓCRATES É claro que convencerás sobre aquilo que sabes.

ALCIBÍADES Sim.

d   SÓCRATES E há outra diferença entre um retor diante do povo e alguém nessa nossa reunião pessoal além de um convencer a multidão e o outro convencer apenas um acerca das mesmas coisas?

ALCIBÍADES Temo que não.

SÓCRATES Então vamos! Uma vez demonstrada a equivalência de convencer uma pessoa ou um grupo, te ocupa de mim e trata de mostrar que o justo, por vezes, não é vantajoso.

ALCIBÍADES Quanto atrevimento, Sócrates!

SÓCRATES De fato, agora me atreverei a te convencer do contrário daquilo que tu te negas a me convencer.

ALCIBÍADES Diz, então.

SÓCRATES Basta responderes às minhas perguntas.

e   ALCIBÍADES Não. Diz por ti mesmo.

SÓCRATES Mas como? Não desejas, mais que tudo, ser convencido?

ALCIBÍADES Totalmente.

SÓCRATES E o maior convencimento seria tu mesmo dizeres que tais coisas são assim?

ALCIBÍADES Acho que sim.

SÓCRATES Responde, pois! E, caso tu mesmo não escutes de ti mesmo que o que é justo é vantajoso, não confiarás no que os outros dizem.

ALCIBÍADES Acho que não, mas, de todo modo, responderei, pois julgo que não serei desencaminhado.

115a SÓCRATES Pois agora és adivinho? Diz-me, aceitas que, dentre as coisas justas, algumas são vantajosas e outras, não?

ALCIBÍADES Sim.

SÓCRATES E que umas são belas e outras, não?

ALCIBÍADES O que me perguntas?

SÓCRATES Se alguém, até hoje, te pareceu praticar ações feias, porém justas.

ALCIBÍADES Para mim, não.

SÓCRATES Portanto, todas as coisas justas também são belas?

ALCIBÍADES Sim.

SÓCRATES Ainda sobre as coisas belas, todas são boas ou algumas, sim, e outras, não?

ALCIBÍADES Tenho para mim, Sócrates, que algumas das coisas belas são ruins.

SÓCRATES E também algumas das feias são boas?

ALCIBÍADES Sim.

b SÓCRATES Tu te referes, por exemplo, àqueles que se dispuseram a socorrer um companheiro ou parente na guerra e acabaram feridos ou mortos, enquanto aqueles que se recusaram a socorrer, como era devido, retornaram saudáveis?

ALCIBÍADES Exatamente.

SÓCRATES Dizes um tal socorro ser "belo" no que concerne à tentativa de salvar quem se deve, e isso ser a coragem, não é?

ALCIBÍADES Sim.

SÓCRATES Porém "ruim" no que concerne às mortes e aos ferimentos?

ALCIBÍADES Isso.

c SÓCRATES Ora, não seria a coragem uma coisa e a morte, outra?

ALCIBÍADES Certamente.

SÓCRATES Portanto, socorrer os amigos não é belo e ruim no que concerne à mesma coisa?

ALCIBÍADES Aparentemente não.

SÓCRATES Agora vê se o belo também é bom nesse caso. No que concerne à coragem, concordas que o socorro é belo. Examina ela mesma, então. A coragem é boa ou ruim? Eis o exame, quais tu gostarias de receber, coisas boas ou ruins?

ALCIBÍADES As boas.

d SÓCRATES E quanto maiores, melhor.

ALCIBÍADES Isso.

SÓCRATES E aceitarias ser privado delas, ainda que minimamente?

ALCIBÍADES De jeito nenhum.

SÓCRATES E o que dizes acerca da coragem? Em que medida aceitarias ser privado dela?

ALCIBÍADES Se for para ser covarde, prefiro nem viver.

SÓCRATES Portanto, na sua opinião, a covardia é o mais extremo dos males.

ALCIBÍADES Para mim, sim.

SÓCRATES Igual à morte, pelo que parece.

ALCIBÍADES Confirmo.

SÓCRATES Assim, a morte e a covardia se opõem à vida e à coragem?

ALCIBÍADES Sim.

e   SÓCRATES E tu desejas que estas estejam o máximo contigo enquanto aquelas, o mínimo?

ALCIBÍADES Sim.

SÓCRATES Pois tens para ti que estas são as mais excelentes e aquelas, as piores?

ALCIBÍADES Exatamente.

SÓCRATES E tu estabeleces a coragem entre as coisas excelentes e a morte entre as piores.

ALCIBÍADES Eu, sim.

SÓCRATES O socorro aos amigos na guerra é belo no que concerne à prática de um bem que é a coragem, por isso chamaste uma tal ação de bela?

ALCIBÍADES Isso.

SÓCRATES E a ruindade da morte concerne à realização de algo ruim?

ALCIBÍADES Sim.

SÓCRATES Logo, seria justo generalizar o caso das práticas: se gerar um resultado ruim, de ruim vais chamá-la; mas, se
116a for bom, será preciso chamá-la de boa.

ALCIBÍADES Me parece que sim.

SÓCRATES Portanto, o bom é belo e o ruim, feio?

ALCIBÍADES Sim.

sócrates Ora, então, ao dizeres que o socorro aos amigos na guerra é belo, porém ruim, não fazes nada diferente do que chamar a mesma coisa de boa, porém ruim?

ALCIBÍADES Me parece que dizes a verdade, Sócrates.

sócrates Mas nenhuma das coisas belas, no que concerne à beleza, é ruim, e nenhuma das feias, no que concerne à feiura, é boa.

b   ALCIBÍADES Aparentemente.

sócrates Observaste isto: quem faz um belo ato faz bem--feito, não é?

ALCIBÍADES Sim.

sócrates E quem faz bem-feito será bem feliz?

ALCIBÍADES Como não?

sócrates Bem felizes por adquirirem o que é bom?

ALCIBÍADES Com certeza.

sócrates E adquirem isso ao agir bem e belamente?

ALCIBÍADES Sim.

sócrates E agir bem é bom?

ALCIBÍADES Como não?

sócrates E a boa vida, bela?

ALCIBÍADES Sim.

SÓCRATES Ora, eis o que se mostra novamente: o belo é o mesmo que bom.

ALCIBÍADES Ficou claro.

c SÓCRATES Seguindo esse raciocínio: aquilo que descobrirmos ser belo também se descobrirá ser bom.

ALCIBÍADES Necessariamente.

SÓCRATES E as coisas boas trazem vantagem ou não?

ALCIBÍADES Trazem vantagem.

SÓCRATES Ainda te lembras o que concordamos acerca do justo?

ALCIBÍADES Acho que sim. Quem faz ações justas, por necessidade, faz ações belas.

SÓCRATES Portanto, as ações belas também serão boas?

ALCIBÍADES Sim.

d SÓCRATES E as boas trazem vantagem?

ALCIBÍADES Sim.

SÓCRATES Então, Alcibíades, o que é justo é vantajoso.

ALCIBÍADES Assim parece.

SÓCRATES Mas como? Não és tu quem dizes tais coisas enquanto eu apenas pergunto?

ALCIBÍADES Aparentemente, é assim.

SÓCRATES Assim, caso alguém se erga para oferecer conselhos aos atenienses ou peparécios[4] e, julgando conhecer questões de justiça e injustiça, afirme que algumas ações justas são ruins, de ti ele nada conquistaria além do riso, pois acabas de
e   dizer que as ações justas e as vantajosas são as mesmas.

ALCIBÍADES Pelos deuses, Sócrates, eu mesmo já não sei mais nada do que digo. Sinceramente, é provável que eu esteja fora de centro, pois, ao te responder, ora opino isso, ora aquilo.

SÓCRATES Meu amigo, então desconheces a tua condição?

ALCIBÍADES Por completo.

SÓCRATES Se alguém te perguntar se tens dois ou três olhos, duas ou quatro mãos, ou algo do gênero, julgas que vais responder ora uma coisa, ora outra, ou sempre a mesma coisa?

117a ALCIBÍADES Já temo duvidar de mim mesmo; contudo, nesses casos, ainda julgo que manterei as mesmas respostas.

SÓCRATES E a causa disso é o fato de saberes?

ALCIBÍADES Julgo que sim.

SÓCRATES Mas quando, involuntariamente, ofereces respostas contrárias, fica evidente que respondes sobre o que não sabes.

ALCIBÍADES Faz sentido.

SÓCRATES E admites ter oscilado ao responder questões acerca do justo e do injusto, do belo e do feio, do ruim e do bom, e ainda do vantajoso e do não vantajoso? Então fica evidente que oscilas por não saber sobre tais coisas?

b   ALCIBÍADES Para mim, sim.

SÓCRATES Ora, então é assim: quando alguém não sabe algo, a sua alma necessariamente oscila em torno de tais questões?

ALCIBÍADES Pois como não?

SÓCRATES Mas como? Queres dizer que sabes como subir ao céu?

ALCIBÍADES Meu Zeus, eu não!

SÓCRATES Mas a tua opinião oscila sobre isso?

ALCIBÍADES Decerto não.

SÓCRATES Sabes a causa ou devo expô-la?

ALCIBÍADES Expõe-na.

SÓCRATES Meu amigo, é porque, nesse caso, não julgas conhecer o que não conheces.

c   ALCIBÍADES O que queres dizer?

SÓCRATES Vê se concordas. Tu oscilas sobre o que não conheces, mas estás ciente de que não conheces? As receitas culinárias, por exemplo, tu sabes seguramente que não as sabes?

ALCIBÍADES É claro.

SÓCRATES Nesse caso, és da opinião de que precisas, tu mesmo, preparar as receitas e, assim, oscilas ou apenas confias em quem conheces?

ALCIBÍADES Apenas confio.

SÓCRATES E, ao navegar em uma nau, ficarias opinando sobre ser preciso girar o leme para dentro ou para fora, domínio sobre o qual, por não saber, oscilarias, ou, ficando quieto, confiarias no comandante?

ALCIBÍADES Confiaria no comandante.

SÓCRATES Ora, logo não oscilas acerca disso que não sabes porque sabes que não sabes?

ALCIBÍADES Assim parece.

SÓCRATES Então agora tens em mente quais erros de ação surgem de uma tal ignorância, digo, de julgar saber o que não se sabe?

ALCIBÍADES Outra vez, o que queres dizer com isso?

SÓCRATES Nós nos ocupamos de afazeres apenas quando julgamos saber o que faremos?

ALCIBÍADES Sim.

SÓCRATES Mas quando as pessoas julgam não saber, elas entregam a outros?

ALCIBÍADES Como não?

SÓCRATES Assim, esses não conhecedores nunca errarão na medida em que confiam a outros tais questões?

ALCIBÍADES Sim.

SÓCRATES Então quem é que vai errar? Pois não podem ser os que conhecem.

ALCIBÍADES De fato, não.

SÓCRATES Se não são nem os conhecedores, nem os não conhecedores cientes de que não sabem, quais outros restam além dos não conhecedores que julgam conhecer?

ALCIBÍADES Outros, não há.

SÓCRATES E um tal desconhecimento, a mais desgraçada ignorância, é causa de vários males?

ALCIBÍADES Sim.

SÓCRATES Ademais, no que concerne a questões mais importantes, realizará os piores males?

ALCIBÍADES Certamente.

SÓCRATES Podes me dizer algo mais importante do que o justo e o belo e também o bom e o vantajoso?

ALCIBÍADES Decerto que não.

SÓCRATES Porém, sobre isso tu admites oscilar?

ALCIBÍADES Sim.

SÓCRATES E se oscilas, o que dissemos deixa evidente que não apenas desconheces as coisas mais importantes, mas ainda julgas sabê-las sem nem mesmo saber?

ALCIBÍADES Arrisca ser assim.

SÓCRATES Balbucias, Alcibíades! Eu me recuso a nomear a condição que te condiciona. Porém, como estamos a sós, me permitirei falar. Excelente amigo, encontras-te casado com a mais extrema ignorância. O raciocínio te acusa e também tu acusas a ti mesmo. Por isso, lanças-te à política sem sequer ter sido educado. Tampouco te encontras sozinho nessa condição, a comunidade dos que atuam na política te acompanha, com exceção de uns poucos e, talvez, de

c Péricles, o teu guardião.

ALCIBÍADES Dizem, Sócrates, que ele não se tornou sábio por si próprio, mas ao se reunir com sábios em profusão, como Pitóclides e Anaxágoras. Até mesmo recentemente, depois de idoso, ele ainda se reúne com Dámon pelo mesmo motivo.

SÓCRATES Mas como? Por acaso já viste algum sábio em um assunto ser incapaz de fazer os outros se tornarem sábios como ele mesmo? Tal qual quem te ensinou as letras, ele mesmo era sábio, te fez sábio nesse assunto e faria a qualquer outro se desejasse, ou não?

ALCIBÍADES Sim.

d SÓCRATES E até tu, tendo aprendido daquele, podes passar adiante?

ALCIBÍADES Sim.

SÓCRATES Do mesmo modo, o citarista e o treinador?

ALCIBÍADES É claro.

SÓCRATES Portanto, eis uma bela evidência de alguém ser conhecedor de algo que conhece apontar algum outro que com ele aprendeu.

ALCIBÍADES Me parece que sim.

SÓCRATES Então tens de me dizer alguém que Péricles fez sábio. Que tal começar pelos seus filhos?

e   ALCIBÍADES Mas por que os filhos de Péricles, Sócrates? Eles se tornaram uns fúteis!

SÓCRATES Que tal Clínias, o teu irmão?

ALCIBÍADES E por que falar de Clínias, um ser humano enlouquecido?

SÓCRATES Se Clínias está louco e ambos os filhos de Péricles se tornaram fúteis, no teu caso, que causa atribuiríamos por ele ter te negligenciado assim?

ALCIBÍADES Acho que a causa está em mim mesmo, pois jamais ancorei nele a minha mente.

119a SÓCRATES Mas, entre os outros, atenienses ou estrangeiros, escravo ou livre, diz-me um cuja causa de ter se tornado mais sábio foi reunir-se com Péricles. Assim como eu posso te dizer que, através de Zenão, tanto Pitodoro de Isóloco quanto Cálias de Calíades, tendo lhe pagado cem minas,[5] acabaram sábios e ainda se tornaram bem articulados.

ALCIBÍADES Meu Zeus, não tenho ninguém.

SÓCRATES Que seja! Passemos ao que tens em mente para ti. Permanecerás com o que agora possuis ou terás o cuidado de te preparar?

b   ALCIBÍADES Nosso desejo é comum, Sócrates! Mentalizo teus dizeres e os acompanho. Também na minha opinião, aqueles que atuam na política, com algumas exceções, carecem de formação.

SÓCRATES Donde se segue que...?

ALCIBÍADES Caso tivessem alguma formação, quem tentasse disputar com eles precisaria de formação e treino, como no caso dos atletas. Porém, dado que, hoje em dia, entra-se na política no achismo, para que seria preciso treinar e aprender qualquer prática? Bem sei que, por natureza, os dominarei.

c

SÓCRATES Ainda balbucias falando assim, excelente amigo! És indigno de tua formosura, bem como de todos teus demais atributos.

ALCIBÍADES Por que, ou melhor, em face de que dizes isso, Sócrates?

SÓCRATES Sinto vergonha tanto por ti quanto de mim, por amar-te.

ALCIBÍADES Por quê?

SÓCRATES Pois estimas que a tua disputa é com os homens daqui.

ALCIBÍADES Mas com quem seria?

SÓCRATES Isso lá é pergunta digna de quem se julga tão orgulhoso de si?

d

ALCIBÍADES Como assim? Queres dizer que não disputo com eles?

SÓCRATES Imagine o caso de pilotar uma nau de guerra em uma batalha naval. Te bastarias ser o melhor piloto dentre os teus ou, mesmo julgando ser isso necessário para começar, em vez de apenas os teus companheiros, também te medirias em vista dos teus verdadeiros concorrentes? De fato, será preciso te sobrepores tanto a eles a ponto de não se sentirem dignos de disputar contigo e se contentarem a combater a teu lado nas guerras. Apenas assim realizarias um feito belo como tens em mente, demonstrando teu valor e o da cidade.

ALCIBÍADES Mas penso exatamente assim.

SÓCRATES Ora, sem dúvida te contentas em ser o mais estimado apenas entre os soldados, caso não te meças em vista dos comandantes inimigos e verifiques quando, examinando e treinando para isso, te tornaste melhor do que eles.

120a ALCIBÍADES De quem falas, Sócrates?

SÓCRATES Por acaso não sabes que a nossa cidade entra em guerra frequentemente com os espartanos e com o grande rei?

ALCIBÍADES Dizes a verdade.

SÓCRATES Portanto, se tens a intenção de ser um comandante da cidade, o correto seria pressupores que comandarás combates contra os reis dos espartanos e o dos persas?

ALCIBÍADES Arrisca ser verdade o que dizes.

SÓCRATES Nada disso, meu bom; tu precisas te medir em vista
b   de Mídias, o galo de rinha, e tantos outros que começam a atuar na política enquanto ainda possuem almas pouco refinadas ou, no dizer das mulheres, de cabelo servil.[6] Despreparados e cheios de estrangeirismos, eles vêm, nunca governar, mas apenas adular a cidade. Afirmo que tu, mirando-te diante deles, não precisas cuidar de aprender o que tem para aprender. Em vista de uma tal disputa a ser disputada, sequer é preciso treinar o que necessita de treinamento. Assim, já trazes pre-
c   parada toda a preparação para se lançar às questões políticas.

ALCIBÍADES Sócrates, na minha opinião, tu dizes a verdade. Julgo ainda que os generais espartanos e o rei dos persas em nada diferem das outras pessoas.

SÓCRATES Mas convém, meu excelente amigo, examinar esse julgamento que tens.

ALCIBÍADES A respeito de quê?

SÓCRATES Primeiramente, supões que serias mais cuidadoso se os tomasses por terríveis e os temesses, ou não?

ALCIBÍADES É evidente que se os tomasse por terríveis.

SÓCRATES E julgas que um tal cuidado vai te prejudicar?

ALCIBÍADES De jeito nenhum, inclusive me beneficiará bastante.

SÓCRATES Então aquele teu julgamento prévio possui, pelo menos, esse grande mal.

ALCIBÍADES É verdade.

SÓCRATES E também um outro, pois é possível que seja falso. Examina-o à luz das probabilidades!

ALCIBÍADES Como?

SÓCRATES É mais provável que melhores naturezas sejam geradas em genealogias nobres, ou não?

ALCIBÍADES Claro que nas nobres.

SÓCRATES E as boas naturezas, uma vez bem criadas, alcançarão a excelência?

ALCIBÍADES Necessariamente.

SÓCRATES Investiguemos esse ponto ao confrontar eles e nós. Primeiro, vejamos se os reis dos espartanos e o dos persas nos parecem ordinários. Ora, sabemos que uns descendem de Héracles e outros de Aquêmenes. E as genealogias de Héracles e a de Aquêmenes não remontam a Perseu, filho de Zeus?

121a ALCIBÍADES Pois a minha, Sócrates, passa por Eurísaques, e de Eurísaques também chega em Zeus.

SÓCRATES Pois também a minha, nobre Alcibíades, passa por Dédalo, e de Dédalo por Hefesto até Zeus! Porém, no caso deles, que são reis, começa num rei e passa por reis até chegar em Zeus. Para uns, trata-se dos reis de Argos e Esparta, para outros, os eternos reis da Pérsia e, muitas vezes, também da Ásia, como agora. Enquanto isso, nós somos pessoas comuns, assim como nossos pais. E se te fosse demandado apresentar ao filho de Xerxes, Ataxerxes, os teus ancestrais e a pátria de Eurísaques, Salamina, ou a Egina de Éaco, quantas risa-
b   das julgas que receberias em troca? Sigamos, porém, a fim de verificar se ficamos atrás desses homens não apenas em eminência, mas também na criação. Jamais percebeste a grandeza dos recursos iniciais de um rei espartano? Suas mulheres são postas aos cuidados dos éforos, por verba pública, para impedir que o rei nasça de outra genealogia que não a dos Heraclidas. O rei dos persas, grandioso a ponto de ninguém
c   poder suspeitar que tenha nascido de outro além do rei anterior. Assim, a mulher do rei não é vigiada senão pelo medo. Quando nasce o filho primogênito, futuro governante, toda a corte festeja no palácio e, depois disso, anualmente, no dia do nascimento do rei, todos na Ásia oferecem sacrifícios e celebram. Já na ocasião do nascimento de um de nós, Alcibía-
d   des, nem os vizinhos notam, como diria o comediógrafo. Em seguida, lá se cria o bebê sob os cuidados não de uma ama

pouco estimada, mas dos eunucos considerados os mais excelentes a serviço do rei. Estes recebem o desígnio de se ocupar de tudo aquilo que seja relativo ao recém-nascido, tendo por objetivo principal tornarem-no belíssimo, moldando os membros da criança e ainda os endireitando. Por tal serviço, recebem grandes honrarias. Na sequência, quando atingem os sete anos, as crianças recebem cavalos, são encaminhadas aos professores de equitação e ainda começam a ir caçar. Aos catorze anos, a criança é acolhida pelo que se denomina de tutores reais. Estes são escolhidos por ser considerados, pelos persas, os mais excelentes de seu tempo em quatro aspectos: o mais sábio, o mais justo, o mais sensato e o mais corajoso.

122a Ao primeiro, cabe ensinar a magia de Zoroastro, filho de Horomázes, isto é, o culto dos deuses. Ele ainda ensina o que é próprio da arte de reinar. O mais justo ensina-o a ser honesto durante toda a vida. O mais sensato ensina-o como não ser dominado por nenhum dos prazeres, a fim de que se acostume a ser livre. Desse modo, será um rei que comanda e não presta serviço àquilo que está em si mesmo. Por fim, o mais corajoso prepara-o para não ter medos ou ansiedades além do medo de se tornar um servo. Enquanto isso, Alcibíades,

b Péricles designou como teu tutor o seu serviçal mais inútil devido à velhice, Zópiro, o trácio. Eu discorreria também sobre as outras etapas da criação dos teus concorrentes, bem como sobre a sua educação, se não fosse uma tarefa enorme. Ademais, isso basta para demonstrar o que se segue. Alcibíades, é possível dizer que ninguém se preocupa com nascimento, criação e até mesmo educação, teus ou de tantos outros atenienses, a menos que, porventura, alguém se apaixone por ti.

c E se queres comparar riquezas, luxo, roupas, mantos longos, unguentos de mirra, comitivas de cuidadores e qualquer outro refinamento dos persas, acabarias envergonhado de ti mesmo ao perceber em quanto és superado. Entretanto, se ainda assim quiseres verificar a sensatez, a organização, a resiliência, o bom temperamento, o orgulho, a disciplina, a coragem, a perseverança, o amor pelo trabalho, pela vitória e pela honra,

nisso tudo te considerarias uma criança em comparação com
d   os espartanos. Em vez disso, se apresentares a tua riqueza e,
por causa dela, julgares ser alguém, sobre isso tampouco me
silenciarei até perceberes o teu lugar. Caso queiras dar-te conta, olha para a riqueza dos espartanos e reconhecerás o quanto as daqui são inferiores às deles. Primeiro, eles possuem a
e   própria terra e a de Messênia. Nenhuma das nossas terras
disputaria com as deles em extensão ou excelência, tampouco
disputaríamos na posse de servos, hilotas[7] e outros, ou na
posse de cavalos e quaisquer outros rebanhos que pastam
em Messênia. Mesmo se deixamos essas coisas de lado, em
toda a Grécia não há ouro nem prata como em Esparta, dado
que, por muitas gerações, eles os cooptam de toda a Grécia
123a e, muitas vezes, também dos bárbaros, sem jamais ceder. É
simples como naquela fábula de Esopo: a raposa diz ao leão
que as pegadas na direção da entrada da caverna são claras,
enquanto na direção da saída ninguém nada vê. O mesmo
vale para o dinheiro em Esparta. Desse modo, bem sabemos
que, em ouro e prata, eles são os mais ricos dentre os gregos,
e, dentre eles, mais rico é o rei, já que seus reis têm os maiores
b   e melhores rendimentos. Os espartanos ainda pagam aos reis
o nada insignificante tributo real. As riquezas dos espartanos
em relação aos gregos são magníficas; em relação aos persas
e a seu rei, no entanto, são irrisórias. Em certa ocasião, ouvi
um homem digno de confiança que visitara esse reino. Ele
contou ter passado por uma região vasta e bela (cerca de um
dia de caminhada) chamada pelos locais de "cinta da mulher
c   do rei". Havia também uma outra chamada de "véu" e tantos
outros lugares belos e bons dedicados à ornamentação da mulher, cada lugar tendo o nome de um desses ornamentos. Por
isso, acho que, se alguém dissesse à mãe do rei, Améstride,
a mulher de Xerxes, que tu, Alcibíades, filho de Dinômaca,
cujos ornamentos valem, no máximo, por volta de cinquenta
minas e cujas terras do filho, em Érquia, não somam trezen-
tos pletros,[8] ela se admiraria com a confiança que esse tal
d   Alcibíades traz na mente para disputar com Artaxerxes. Ela

diria, pelo menos eu acho, que um tal homem não poderia se fiar em nada além do cuidado e sabedoria para realizar tal feito, pois os gregos são reconhecidos apenas por esses valores. Porém, uma vez informada de que Alcibíades tenta fazer isso, sem nem mesmo ter completado vinte anos, sem nenhuma formação, e, ademais, que, após alguém apaixonado por ele lhe dizer que é preciso aprender, cuidar e treinar antes de ir disputar com um rei, ele se recusa, afirmando estar satisfeito com o que tem, acho que ela se admiraria ainda mais e perguntaria no que é que esse jovenzinho se fia. E se disséssemos que é na beleza, na grandeza, na genealogia, na riqueza e na natureza da alma, ela pensaria estarmos loucos, Alcibíades, ao comparar as nossas com as dos seus. Julgo que até mesmo 124a Lampido, filha de Leotíquides, mulher de Arquídamo e filha de Ágis, todos estes tendo se tornado reis, se admiraria ao medir os recursos dos seus e saber que tu, estando numa condição tão ruim, tens em mente disputar com o filho dela. E não te parece vergonhoso que as mulheres dos inimigos tenham melhor noção do que nós mesmos sobre o que precisamos ter a fim de atentar contra eles? Afortunado amigo, obedecendo b a mim e ao ditado em Delfos, conhece-te a ti mesmo! São estes os nossos adversários e não aqueles que tu julgavas. Não há outro modo de superá-los senão em cuidado e arte. Caso negligencies isso, também estarás negligenciando a marca do teu nome entre gregos e bárbaros, coisa que, me parece, tu amas como ninguém jamais amou algo.

ALCIBÍADES Mas então eu preciso cuidar de realizar o quê, Sócrates? Tens de explicar, pois, mais que todos, o que dizes parece ser verdadeiro.

SÓCRATES Sim, porém o modo pelo qual nos tornaríamos c melhores é um desejo comum. Eu não estou dizendo que tu necessitas de aprendizado mas eu, não, pois em nada difiro de ti, à exceção de uma só coisa.

ALCIBÍADES Qual?

SÓCRATES O guardião; o meu é melhor e mais sábio que o teu, Péricles.

ALCIBÍADES Quem é ele, Sócrates?

SÓCRATES Um deus, Alcibíades, aquele mesmo que, até hoje, não me permitia conversar contigo. Confio nele quando afirmo que a tua aurora não chegará se tu não passares por mim.

d ALCIBÍADES Estás de brincadeira, Sócrates!

SÓCRATES Talvez... mesmo assim, digo a verdade. Precisamos nos cuidar, todo ser humano precisa; nós dois, ainda mais.

ALCIBÍADES Que eu preciso, não é mentira.

SÓCRATES No meu caso, tampouco.

ALCIBÍADES E o que faremos?

SÓCRATES Não devemos desistir ou relaxar, meu amigo.

ALCIBÍADES De fato, não convém, Sócrates.

SÓCRATES Jamais. Então me diz — já que devemos investigar em conjunto: confirmamos o desejo de nos tornarmos
e excelentes, certo?

ALCIBÍADES Sim.

SÓCRATES Qual excelência?

ALCIBÍADES É claro que aquela própria aos homens bons.

SÓCRATES Bons em quê?

ALCIBÍADES Em realizar feitos, é claro.

SÓCRATES Quais? Aqueles da equitação?

ALCIBÍADES Não!

SÓCRATES Pois, desse modo, nos aproximaríamos dos cavaleiros?

ALCIBÍADES Sim.

SÓCRATES Então é sobre a navegação a que te referes?

ALCIBÍADES Não.

SÓCRATES Desse modo, nos aproximaríamos dos marinheiros?

ALCIBÍADES Sim.

SÓCRATES Então quais seriam e praticados por quem?

ALCIBÍADES Pelos atenienses belos e bons.

125a SÓCRATES Por belos e bons queres dizer os inteligentes ou os ignorantes?

ALCIBÍADES Os inteligentes.

SÓCRATES E o inteligente em algo, é bom nisso?

ALCIBÍADES Sim.

SÓCRATES Mas o ignorante é ruim?

ALCIBÍADES Pois como não?

SÓCRATES Então, um sapateiro é inteligente na produção de calçados?

ALCIBÍADES Muito.

SÓCRATES E é bom nisso?

ALCIBÍADES Muito bom.

SÓCRATES Mas como? O sapateiro não é ignorante na produção de roupas?

ALCIBÍADES Sim.

b SÓCRATES Logo, é ruim nisso?

ALCIBÍADES Sim.

SÓCRATES Nessa linha de raciocínio, o mesmo indivíduo é ruim e bom?

ALCIBÍADES Assim parece.

SÓCRATES Por acaso estás dizendo que os homens bons são ruins?

ALCIBÍADES Isso não!

SÓCRATES Então quem são esses bons a que te referes?

ALCIBÍADES Aqueles que têm poderes para comandar a cidade.

SÓCRATES Esses não comandam cavalos, não é?

ALCIBÍADES De forma alguma.

SÓCRATES Apenas seres humanos.

ALCIBÍADES Sim.

SÓCRATES Quando estão doentes?

ALCIBÍADES Não.

SÓCRATES Enquanto navegam?

ALCIBÍADES Eu não diria.

SÓCRATES E durante a colheita?

ALCIBÍADES Não.

c SÓCRATES Quando nada fazem ou fazendo algo?

ALCIBÍADES Fazendo algo, eu diria.

SÓCRATES Como? Tenta me mostrar.

ALCIBÍADES Quando se associam entre si e se servem uns dos outros, como nós, ao vivermos na cidade.

SÓCRATES Portanto, falas em comandar seres humanos que se servem de seres humanos?

ALCIBÍADES Isso.

SÓCRATES Tal qual os contramestres se servem dos remadores?

ALCIBÍADES Não é isso.

SÓCRATES Pois essa é a excelência na capitania.

ALCIBÍADES Sim.

SÓCRATES Então falas das pessoas que comandam os flau-
tistas, conduzem os cantores e se servem dos coristas?

ALCIBÍADES Também não.

SÓCRATES Pois essa é a formação de coros.

ALCIBÍADES Isso.

SÓCRATES Mas então o que queres dizer por comandar seres humanos que se servem de seres humanos?

ALCIBÍADES Quero dizer comandar, na cidade, aqueles que
compartilham a condição de cidadãos e se associam uns
aos outros.

SÓCRATES E qual arte seria essa? Caso eu tivesse te pergun-
tado: conhecer qual arte habilita alguém a comandar os que
compartilham a condição de marinheiro?

ALCIBÍADES A da capitania.

SÓCRATES E aos que compartilham a condição de cantores,
como havia pouco dizia, qual área do conhecimento permite comandá-los?

ALCIBÍADES A que tu agora dizias, a de formação de coros.

SÓCRATES Mas e aqueles que compartilham a condição
de cidadãos, como chamarias uma tal área do conhecimento?

ALCIBÍADES Para mim, a ciência da tomada de decisão, Sócrates.

SÓCRATES Mas como? Os capitães parecem ser indecisos?

ALCIBÍADES Definitivamente não.

SÓCRATES Portanto, tomam boas decisões?

126a ALCIBÍADES Me parece que sim, a fim de salvaguardar a tripulação.

SÓCRATES Belas palavras, mas, no caso a que tu te referes, seria uma boa decisão a fim de quê?

ALCIBÍADES De melhor conduzir e salvaguardar a cidade.

SÓCRATES Uma cidade é melhor conduzida e salvaguardada quando se promove o que e se demove o quê? Por exemplo, se tu me perguntasses: é melhor para conduzir e salvaguardar o corpo promover ou demover o quê? Eu diria: promover a saúde e demover a doença, não achas?

b ALCIBÍADES Sim.

SÓCRATES Se ainda me perguntasses: o que é melhor promover no que concerne aos olhos? Eu diria que promover a visão e demover a cegueira. Já no caso dos ouvidos, demover a surdez e promover a audição. Assim se tornariam melhores e seriam mais bem tratados.

ALCIBÍADES Correto.

SÓCRATES Porém, no caso da cidade, o que se deve promover e demover para torná-la melhor, tratá-la bem e conduzi-la?

c   ALCIBÍADES Sócrates, me parece que seja promover o amor
entre uns e outros, mas demover o ódio e a lateralidade.

SÓCRATES Ora, por amor queres dizer concórdia ou discór-
dia?

ALCIBÍADES Concórdia.

SÓCRATES E através de qual arte as cidades concordam
acerca dos números?

ALCIBÍADES Da aritmética.

SÓCRATES E no caso dos indivíduos, não seria a mesma?

ALCIBÍADES Sim.

SÓCRATES E também seria através dela que cada indivíduo
concorda consigo mesmo?

ALCIBÍADES Sim.

SÓCRATES Mas através de qual arte cada indivíduo concor-
d   da consigo mesmo sobre o cúbito ser maior que o palmo?
Não é a mensuração?

ALCIBÍADES Que outra seria?

SÓCRATES Tanto para indivíduos entre si quanto para cidades?

ALCIBÍADES Sim.

SÓCRATES E também não é assim na pesagem?

ALCIBÍADES Confirmo.

SÓCRATES Mas, então, isso que chamas de concórdia, o que é, versa acerca de que e através de qual arte em comum é proporcionada? Também é a mesma para a cidade e para o indivíduo, diante de si mesmo e dos outros?

ALCIBÍADES É provável que seja.

SÓCRATES Mas qual seria? Não desanimes ao responder, e fala com empenho!

ALCIBÍADES Amor e concórdia, eu diria, tal qual um pai concorda com uma mãe ao amar o filho, ou irmão com irmão e mulher com homem.

SÓCRATES Então julgas, Alcibíades, que um homem pode concordar com uma mulher acerca do trabalho com lã? Ou seja, aquele que não conhece pode concordar com aquela que conhece?

ALCIBÍADES Por certo, não.

SÓCRATES Nem precisa, pois se trata de um aprendizado feminino.

ALCIBÍADES Sim.

127a SÓCRATES E uma mulher poderia concordar com um homem acerca da arte militar sem a ter aprendido?

ALCIBÍADES É certo que não.

SÓCRATES Pois tu afirmarias se tratar de um aprendizado masculino.

ALCIBÍADES Eu, sim.

sócrates Ora, segundo o teu raciocínio, existem aprendizados masculinos e femininos.

ALCIBÍADES E como não?

sócrates Nos quais não há concórdia entre mulheres e homens.

ALCIBÍADES Não há.

sócrates Nem amor, uma vez que amor seria concórdia.

ALCIBÍADES Aparentemente não.

sócrates As mulheres, portanto, naquilo que é próprio às suas práticas, não são amadas pelos homens.

b   ALCIBÍADES Parece que não.

sócrates Nem os homens pelas mulheres, no que lhes é próprio.

ALCIBÍADES Não.

sócrates Mas as cidades não são bem administradas quando cada um pratica o que lhe é próprio?

ALCIBÍADES Julgo que sim, Sócrates.

sócrates Se assim for, porém, o amor não estará presente. Logo ele, que afirmávamos gerar a boa administração da cidade, não foi?

ALCIBÍADES No entanto, na minha opinião, é por isso que o amor se gera entre eles; porque cada um pratica o que lhe é próprio.

c   SÓCRATES Não foi isso que dissera. Mesmo assim — segundo o que dizes agora —, como gerar o amor se a concórdia não foi gerada? Ou ainda: como se gera concórdia onde uns conhecem isso e outros aquilo?

ALCIBÍADES Impossível.

SÓCRATES E quando cada um faz o que lhe é próprio, eles praticam atos justos ou injustos?

ALCIBÍADES Atos justos, como não?

SÓCRATES Mas, se os cidadãos praticam atos justos na cidade, não se gera amor entre eles?

ALCIBÍADES Necessariamente, Sócrates, pelo menos na minha opinião.

d   SÓCRATES Então o que queres dizer por amor ou concórdia, isso em que precisamos ser sábios para tomar boas decisões e ser bons homens? Não consigo compreender o que é ou quem os possui. Segundo o teu raciocínio, os mesmos indivíduos ora parecem tê-los, ora não.

ALCIBÍADES Pelos deuses, Sócrates, nem eu mesmo sei mais o que digo! Arrisca haver-me passado desapercebido tudo aquilo que tenho de ruim.

SÓCRATES Mas precisas manter a confiança. Se tivesses percebido isso aos cinquenta anos, que árduo seria cuida-
e   res de ti mesmo! Agora, no entanto, estás naquela época da vida em que tais coisas devem ser percebidas.

ALCIBÍADES E o que preciso fazer para percebê-las, Sócrates?

SÓCRATES Responder a perguntas, Alcibíades. Fazendo

isso, se deus quiser e tu confiares em minha adivinhação, nós dois receberemos melhorias.

ALCIBÍADES Assim será, pelo menos no que concerne ao meu responder.

SÓCRATES Então vamos! O que é cuidar de si mesmo? Ora, 128a muitas vezes não negligenciamos o fato de não cuidarmos de nós mesmos enquanto julgamos que sim? Ademais, em que momento as pessoas o fazem? Quando cuidam do que lhes é próprio também estão a cuidar de si?

ALCIBÍADES Na minha opinião, sim.

SÓCRATES Mas como? Quando é que alguém cuida dos seus pés? Por acaso é quando cuida do que é próprio aos seus pés?

ALCIBÍADES Não compreendo.

SÓCRATES Mas existe algo que dizes ser próprio à mão? O anel, por exemplo, é algo que afirmas ser próprio a outra parte do ser humano além do dedo?

ALCIBÍADES Claro que não.

SÓCRATES Do mesmo modo, um calçado é próprio ao pé?

ALCIBÍADES Sim.

SÓCRATES E, igualmente, os mantos e as cobertas são próprios a outras partes do corpo?

b ALCIBÍADES Sim.

SÓCRATES Ora, então, quando cuidamos dos calçados, cuidamos dos pés?

ALCIBÍADES Não compreendo muito bem, Sócrates.

SÓCRATES Mas como, Alcibíades? Existem atos que chamaríamos de cuidar devidamente de algo?

ALCIBÍADES Para mim, sim.

SÓCRATES Ora, e quando alguém produz algo melhor, dirás ter sido feito com o devido cuidado?

ALCIBÍADES Sim.

SÓCRATES Mas com qual arte se faz um calçado melhor?

ALCIBÍADES A da sapataria.

SÓCRATES Logo, com a sapataria cuidamos dos calçados?

c   ALCIBÍADES Sim.

SÓCRATES E com a sapataria também cuidamos dos pés? Ou seria com a arte que faz os pés ficarem melhores?

ALCIBÍADES Com esta última.

SÓCRATES Mas esta que melhora os pés não é a que também melhora o resto do corpo?

ALCIBÍADES Me parece que sim.

SÓCRATES E não seria ela a educação física?

ALCIBÍADES Mais que todas.

SÓCRATES Portanto, a educação física cuida dos pés, e a sapataria, do que é dos pés?

ALCIBÍADES Com certeza.

SÓCRATES E a educação física cuida da mão, enquanto a ourivesaria, do que é da mão?

ALCIBÍADES Sim.

SÓCRATES Também a educação física cuida do corpo e a costura, entre outras, do que é do corpo?

ALCIBÍADES Seguramente.

SÓCRATES Logo, a arte com a qual cuidamos de algo é uma, e outra é aquela com a qual cuidamos do que é de algo?

ALCIBÍADES Assim parece.

SÓCRATES Portanto, quando se cuida do que é seu, não se cuida de si mesmo?

ALCIBÍADES De jeito nenhum.

SÓCRATES Pois, aparentemente, não é com a mesma arte que alguém cuida de si e do que é seu.

ALCIBÍADES Não parece.

SÓCRATES Vamos, então! Qual é aquela arte pela qual cuidamos de nós mesmos?

ALCIBÍADES Não tenho o que dizer.

SÓCRATES Mas, pelo menos, o seguinte ficou acordado: não é uma arte de algo que é nosso, daquelas com as quais tornamos melhores os nossos pertences, mas, antes, uma com a qual nós mesmos nos melhoramos.

ALCIBÍADES Dizes a verdade.

SÓCRATES E poderíamos saber qual arte torna os calçados melhores sem conhecermos calçados?

ALCIBÍADES Impossível.

SÓCRATES Tampouco qual arte torna melhores os anéis, sendo nós ignorantes sobre anéis?

ALCIBÍADES Verdade.

SÓCRATES E muito menos qual arte vai tornar alguém melhor enquanto estivermos cientes de que desconhecemos o que nós mesmos somos?

129a ALCIBÍADES Será impossível.

SÓCRATES Então, o conhecimento de si ocorre de maneira espontânea, e foi alguém simplório que o inscreveu no templo de Delfos, ou trata-se de um processo árduo que não acontece com todos?

ALCIBÍADES Sócrates, ora me parece estar em todos, ora parece ser árduo por demais!

SÓCRATES Mas, Alcibíades, que seja espontâneo ou não nos será indiferente. Conhecendo a nós mesmos, automaticamente saberemos como cuidar de nós mesmos; desconhecendo, porém, jamais saberemos.

ALCIBÍADES É assim.

b SÓCRATES Então vamos! De que modo se descobriria o si ele mesmo? Pois assim, rapidamente, descobriríamos quem somos, ao passo que, permanecendo ignorantes sobre isso, seria impossível.

ALCIBÍADES O que dizes está correto.

SÓCRATES Por Zeus! Com quem tu dialogas agora, com outro que não eu?

ALCIBÍADES Contigo.

SÓCRATES E eu, contigo?

ALCIBÍADES Sim.

SÓCRATES Sócrates, então, é quem conduz o diálogo?

ALCIBÍADES É claro.

SÓCRATES E Alcibíades, quem escuta?

ALCIBÍADES Sim.

SÓCRATES Ademais, Sócrates dialoga por raciocínios?

c ALCIBÍADES Como não?

SÓCRATES E dirias o dialogar e o se servir de raciocínio serem o mesmo?

ALCIBÍADES É claro.

SÓCRATES Mas "quem se serve" e "com o que se serve" não são diferentes?

ALCIBÍADES Como assim?

SÓCRATES Tal qual o sapateiro que corta com o cortador, a faca e outros instrumentos.

ALCIBÍADES Sim.

SÓCRATES E não são diferentes, quem corta fazendo um serviço e as ferramentas das quais quem corta se serve?

ALCIBÍADES Pois como não?

SÓCRATES Ora, também não seriam diferentes aquilo com o que o citarista toca cítara e o citarista ele mesmo?

ALCIBÍADES Sim.

d   SÓCRATES Eis o que havia pouco perguntava, se o que se serve e aquilo do que se serve parecem sempre ser diferentes.

ALCIBÍADES Parecem.

SÓCRATES O que mais diríamos sobre o sapateiro? Ele corta apenas com as ferramentas ou também com as mãos?

ALCIBÍADES Também com as mãos.

SÓCRATES Portanto, também se serve delas?

ALCIBÍADES Sim.

SÓCRATES E também se serve dos olhos ao produzir calçados?

ALCIBÍADES Sim.

SÓCRATES Concordamos que o que se serve e aquilo do que se serve são diferentes?

ALCIBÍADES Sim.

e SÓCRATES Logo, um sapateiro e um citarista são diferentes das mãos e dos olhos com os quais trabalham?

ALCIBÍADES É claro.

SÓCRATES E um ser humano se serve de todo o seu corpo?

ALCIBÍADES Isso.

SÓCRATES Mas não eram diferentes, o que se serve e aquilo do se serve?

ALCIBÍADES Sim.

SÓCRATES Portanto, o ser humano é diferente do seu próprio corpo?

ALCIBÍADES Parece que sim.

SÓCRATES E o que é o ser humano, então?

ALCIBÍADES Não tenho o que dizer.

SÓCRATES Tens, sim! É aquilo que se serve do corpo.

ALCIBÍADES Isso.

130a SÓCRATES Mas o que se serve do corpo senão a alma?

ALCIBÍADES Nada além dela.

SÓCRATES E também o comanda?

ALCIBÍADES Sim.

SÓCRATES Eis algo de que, acredito eu, ninguém discordaria.

ALCIBÍADES O quê?

SÓCRATES Que o ser humano é um desses três.

ALCIBÍADES Quais?

SÓCRATES A alma, o corpo ou um todo composto de ambos.

ALCIBÍADES E o que mais seria?

SÓCRATES Mas não concordamos que um ser humano, ele mesmo, é aquilo que comanda o seu corpo?

b ALCIBÍADES Concordamos.

SÓCRATES Ora, mas o corpo comanda a si mesmo?

ALCIBÍADES De jeito nenhum.

SÓCRATES Pois, como foi dito, ele é comandado.

ALCIBÍADES Sim.

SÓCRATES Não seria isso que procuramos, então.

ALCIBÍADES Não parece.

SÓCRATES E o composto de ambos comanda o corpo? É isso, um ser humano?

ALCIBÍADES Talvez seja.

SÓCRATES Pois menos ainda! Se um deles não participa do comando, o composto não pode comandar.

ALCIBÍADES Está correto.

c SÓCRATES Portanto, se o ser humano não é o corpo nem o composto, acho que nos resta concluir que nada é, ou, caso seja, que o ser humano corresponde à alma.

ALCIBÍADES Exato.

SÓCRATES Para ti, ainda será necessária uma outra demonstração, mais clara, de que a alma é o ser humano?

ALCIBÍADES Meu Zeus, na minha opinião, já temos o suficiente.

SÓCRATES E se não é definitiva, está, pelo menos, ao nosso alcance. Será definitiva no momento em que descobrirmos aquilo que agora deixamos de lado devido à grandeza da
d investigação.

ALCIBÍADES O quê?

SÓCRATES Aquilo mencionado há pouco, que primeiro deveríamos investigar o que seria o si em si mesmo.[9] Agora, no entanto, em vez do si ele mesmo, investigamos o que cada um é. Talvez nos baste, pois podemos afirmar que nada é mais autoritativo em nós mesmos do que a alma.

ALCIBÍADES É certo que não.

SÓCRATES E não é mais belo pensar assim? Ao conversarmos um com o outro, eu e tu, servindo-nos de raciocínios, conectamos alma com alma?

e ALCIBÍADES Certamente.

SÓCRATES Donde o que dissemos antes — que Sócrates dialoga com Alcibíades se servindo de raciocínios — não me põe diante do teu rosto, como parece, mas, sim, diante do Alcibíades que produz raciocínios, isto é, a alma.

ALCIBÍADES Essa é também a minha opinião.

SÓCRATES É a alma, portanto, que o imperativo "conhece-te a ti mesmo" recomenda-nos a conhecer.

131a ALCIBÍADES É provável.

SÓCRATES E quem quer que conheça algo relativo ao corpo, terá conhecido algo que é seu, mas não a si mesmo.

ALCIBÍADES Isso.

SÓCRATES Assim, nenhum médico, enquanto médico, se conhece a si mesmo, tampouco um professor de educação física enquanto tal.

ALCIBÍADES Parece que não.

SÓCRATES Bastante necessitados de conhecerem a si mesmos estão também os agricultores e outros trabalhadores, pois é provável que sequer conheçam o que é deles. As artes
b   que possuem estão ainda mais distanciadas daquilo que é deles, porque do corpo conhecem apenas aquilo com o que tratam a terra.

ALCIBÍADES Dizes a verdade.

SÓCRATES E se a sensatez é conhecer a si mesmo, nenhum deles é sensato por causa de sua arte.

ALCIBÍADES Na minha opinião, não.

sócrates Por isso, tais artes têm fama de ser banais, e não aprendizados de homens bons.

alcibíades Isso mesmo.

sócrates Recapitulando: quem trata o corpo, trata do que é seu, mas não de si mesmo?

alcibíades Arrisca ser assim.

c   sócrates E no caso das riquezas, não trata de si nem do que é seu, mas de algo ainda mais distanciado do que é seu?

alcibíades Essa também é a minha opinião.

sócrates Portanto, quem enriquece já não produz nem mesmo algo que é seu.

alcibíades Correto.

sócrates E se alguém está apaixonado pelo corpo de Alcibíades, por Alcibíades não se apaixonou, mas apenas por algo que é de Alcibíades.

alcibíades Dizes a verdade.

d   sócrates Quem por ti se apaixona, no entanto, apaixona--se pela tua alma?

alcibíades Necessariamente, segundo demonstrou o raciocínio.

sócrates Por conseguinte, quem se apaixona pelo teu corpo, assim que a tua primavera passar, te abandona e se vai?

ALCIBÍADES Parece que sim.

SÓCRATES Mas quem se apaixona pela alma não te abandona, pelo menos não enquanto perseguir o melhor.

ALCIBÍADES Faz sentido.

SÓCRATES E sou eu quem não te abandona e permanece ao teu lado enquanto a primavera do teu corpo passa e os outros já partiram.

ALCIBÍADES Bem fazes, Sócrates, não partas!

SÓCRATES Então te empenha a te tornar cada vez mais belo.

ALCIBÍADES Pois me empenharei!

e SÓCRATES Tem para ti o seguinte. Provavelmente não havia, nem há, ninguém apaixonado por Alcibíades, filho de Clínias, além de um só, o estimado Sócrates, filho de Sofrônio e Fenarete.

ALCIBÍADES Verdade.

SÓCRATES Segundo admitiste, ao me aproximar de ti, eu me antecipei por pouco. Caso contrário, tu te aproximarias de mim primeiro, decidido a entender por qual motivo eu era o único a não partir.

ALCIBÍADES Foi assim, de fato.

SÓCRATES Eis a causa: eu era o único apaixonado por ti, os outros se apaixonaram pelo que é teu. Tu mesmo começas
132a a florescer apenas à medida que passam as estações do que é teu. Nesse período, se não fores corrompido pelo povo ateniense nem te tornares ruim, eu não te deixarei. Aí está

o meu maior medo, não te corrompas por te tornares um apaixonado pelo nosso povo. Muitos dentre os bons atenienses já sofreram com isso, afinal, "o povo de Erecteu, de coração grandioso",[10] possui uma bela fachada; porém, faz-se necessário desnudá-lo antes de contemplar. Acata também outra precaução que te ofereço.

ALCIBÍADES Qual?

b   SÓCRATES Pratica primeiro, afortunado amigo, e aprende o que é preciso aprender para entrar na política. Antes disso não entres, a fim de que, trazendo já o antídoto, não sofras nada terrível.

ALCIBÍADES Na minha opinião, dizes bem, Sócrates. Entretanto, tenta expor o modo pelo qual cuidaríamos de nós mesmos.

SÓCRATES Eis um avanço importante; chegamos a um acordo consensual sobre o que somos. Ainda mais porque temíamos ser levados, sem notar, a cuidar de outra coisa que não nós mesmos.

ALCIBÍADES De fato.

c   SÓCRATES Por conseguinte, devemos cuidar da alma e observá-la.

ALCIBÍADES Claro.

SÓCRATES O cuidado do corpo e das riquezas, deixemos a outros.

ALCIBÍADES E por que não?

SÓCRATES De que modo, então, a conheceríamos com mais

nitidez? Pois assim a conhecendo, provavelmente conhecere-
mos a nós mesmos. Pelos deuses, será que não compreendemos as boas palavras da recém-lembrada inscrição em Delfos?

ALCIBÍADES O que tens em mente ao dizer isso, Sócrates?

d   SÓCRATES Permita-me expor o que eu suponho que a tal
inscrição quer nos dizer e aconselhar. Os exemplos para
tanto arriscam ser escassos, talvez o único seja o caso da
visão.

ALCIBÍADES Como assim?

SÓCRATES Examina por ti mesmo. No caso dos olhos, o
mesmo conselho dado aos humanos seria: vê a ti mesmo.
Mas como acolheríamos essa recomendação? Ora, não se
trataria de olhar para aquilo que, ao olhar, o olho vai se ver?

ALCIBÍADES Claro.

SÓCRATES Pensemos, pois. Ao olhar para o quê veremos, a
e   uma só vez, a coisa e a nós mesmos?

ALCIBÍADES É claro, Sócrates, que para espelhos e similares.

SÓCRATES Correto. E também o olho — com o qual vemos — faz parte desses similares?

ALCIBÍADES Certamente.

SÓCRATES E já passou pela tua mente que o rosto de quem
olha para dentro de um olho se manifesta no sentido inver-
133a so, tal qual em um espelho? E ainda que chamamos de pupila[11] aquela parte que reflete uma imagem em miniatura
de quem se olha?

ALCIBÍADES Dizes a verdade.

SÓCRATES Portanto, olho contemplando olho, a mirar dentro daquilo que é a sua melhor parte — aquilo com o que vê —, vai se ver a si mesmo.

ALCIBÍADES Parece que sim.

SÓCRATES Contudo, se olhar para uma outra parte do ser humano, ou de outros seres, carente daquilo com o qual acontece de ser igual, não vai olhar a si mesmo.

b   ALCIBÍADES Dizes a verdade.

SÓCRATES Portanto, se um olho almeja ver a si mesmo, deve olhar para um olho como ele, e, no tal olho, para aquele lugar em que a excelência dos olhos calha de estar, a saber, a visão?

ALCIBÍADES Isso mesmo.

SÓCRATES Então, amigo Alcibíades, também no caso de uma alma que almeja conhecer a si mesma, ela deve olhar para uma alma como ela e, ademais, para aquele lugar dela onde ocorre a excelência da alma, a sabedoria, e também qualquer outra coisa onde isso acontece de ser igual?

ALCIBÍADES Na minha opinião, sim, Sócrates.

c   SÓCRATES E por acaso podemos dizer algo que seja mais divino na alma do que a esfera do saber e da sensatez?

ALCIBÍADES Não podemos.

SÓCRATES Parte essa que, ela mesma, se parece com a divindade. Então, quem a observa também conheceria tudo quanto seja divino, seja um deus, seja a sensatez, e, desse modo, também se conheceria mais.

ALCIBÍADES Assim parece.

SÓCRATES Ora, se os espelhos são mais claros, puros e brilhantes que o reflexo no olho, assim também o divino calha de ser mais puro e brilhante do que o melhor em nossa alma?[12]

ALCIBÍADES É provável, Sócrates.

SÓCRATES Logo, nos serviremos do mais belo reflexo ao olhar para o divino e, no âmbito humano, para a excelência da alma. Desse modo, veríamos mais e conheceríamos a nós mesmos.

ALCIBÍADES Sim.

SÓCRATES Segundo concordamos, o conhecer a si mesmo é a sensatez.[13]

ALCIBÍADES Sim.

SÓCRATES Ora, se não conhecêssemos a nós mesmos nem fôssemos sensatos, poderíamos saber o que temos de bom e mau?

ALCIBÍADES Como isso seria possível, Sócrates?

d   SÓCRATES A ti parece igualmente impossível alguém que desconhece Alcibíades reconhecer que o que é de Alcibíades é de Alcibíades.

ALCIBÍADES É impossível, de fato, por Zeus!

sócrates Portanto, não reconheceremos sequer que o que
é nosso é nosso, se não conhecermos a nós mesmos?

alcibíades Pois como o faríamos?

sócrates E se não conhecemos o que é nosso, conhecere-
mos ainda menos o que pertence ao que é nosso?

alcibíades Parece que não.

sócrates Logo, não estávamos muito corretos quando
concordamos existir alguém que, sem se conhecer, conhece
o que é seu e também o que é do seu. Pois parece ser tarefa
de um só indivíduo e uma só arte discernir tudo isso: a si
mesmo, o seu e o que pertence ao seu.

alcibíades Arrisca ser assim.

sócrates Pelo mesmo motivo, quem desconhece o que é
seu, desconheceria também o que é dos outros.

alcibíades Isso.

sócrates E se desconhece o dos outros, também desco-
nhecerá o que é da cidade.

alcibíades Necessariamente.

sócrates Um homem nessa condição jamais se tornaria
um político.

alcibíades De jeito nenhum.

sócrates Nem sequer um administrador dos negócios familiares.

134a ALCIBÍADES Não mesmo.

SÓCRATES Ele não saberá nem o que está fazendo.

ALCIBÍADES Nem isso.

SÓCRATES Sem saber, errará?

ALCIBÍADES E muito.

SÓCRATES Errando, suas ações nas esferas privada e pública serão ruins?

ALCIBÍADES Como não?

SÓCRATES E quem faz ações ruins se torna infeliz?

ALCIBÍADES Por completo.

SÓCRATES Como também se tornarão aqueles em vista de quem ele age?

ALCIBÍADES Esses também.

SÓCRATES Ora, então ninguém será feliz se não for sensato e bom.

b ALCIBÍADES De jeito nenhum.

SÓCRATES Portanto, seres humanos ruins são infelizes.

ALCIBÍADES E muito!

SÓCRATES Além disso, não é se tornando rico que alguém se livra da infelicidade, mas, sim, se tornando sensato.

ALCIBÍADES Está provado.

SÓCRATES E se as cidades almejam ser felizes, não é de muralhas, nem de naus, nem de estaleiros que precisam, tampouco de uma população enorme ou grandeza sem excelência.

ALCIBÍADES Não mesmo.

SÓCRATES Se almejas uma prática política boa e correta,
c   deves propiciar excelência aos cidadãos.

ALCIBÍADES Como não?

SÓCRATES Mas alguém poderia propiciar aquilo que não possui?

ALCIBÍADES E como o faria?

SÓCRATES Portanto, primeiro tu deves adquirir excelência, como qualquer um que almeje comandar e cuidar não apenas de si e do que é seu no privado, mas também da cidade e do que é da cidade.

ALCIBÍADES Dizes a verdade.

SÓCRATES Ora, e não é privilégio nem autoridade para fazer o que quiser que devem ser proporcionados a ti ou à cidade, mas, antes, justiça e sensatez.

ALCIBÍADES Está demonstrado.

SÓCRATES Pois agindo com justiça e sensatez, tu e a cidade
d   agireis abençoadamente.

ALCIBÍADES É provável.

SÓCRATES E, como dizíamos, agireis em vista do divino e brilhante.

ALCIBÍADES Parece que sim.

SÓCRATES Observando isso, distinguireis e conhecereis a vós mesmos e os vossos bens.

ALCIBÍADES Sim.

SÓCRATES Por conseguinte, agireis bem e corretamente?

ALCIBÍADES Sim.

SÓCRATES E quero vos garantir o seguinte: agindo assim, sereis feliz.

ALCIBÍADES Tua garantia é consistente.

SÓCRATES Mas, agindo injustamente, ao observardes o que não é divino nem brilhante, provavelmente agireis igual a isto, ignorando a vós mesmos.

ALCIBÍADES É provável.

SÓCRATES Amigo Alcibíades, se alguém tem autoridade para fazer tudo que deseja, mas lhe falta a mentalidade apropriada, o que provavelmente ocorrerá a si próprio e à cidade? Por exemplo, se um doente recebe autorização para fazer o que desejar, possuindo uma mentalidade de tirano e não uma de médico, e, assim, ninguém o repreender, o que lhe ocorrerá? Ora, não é provável que corrompa o seu corpo?

ALCIBÍADES Dizes a verdade.

SÓCRATES E no caso de uma nau? Se for autorizado a fazer

o que lhe parece, privado da mentalidade e da excelência de comandante, podes entrever o que lhe ocorreria, bem como aos seus companheiros de navegação?

ALCIBÍADES Eu, sim: todos estariam mortos.

SÓCRATES Mas não seria o mesmo no caso de uma cidade ou ainda em qualquer posição de autoridade ou comando? Do afastamento da excelência se seguem práticas ruins?

ALCIBÍADES Necessariamente.

SÓCRATES Portanto, nada de tirania, excelente Alcibíades, para ti ou para a cidade; se almejais ser feliz, deves proporcionar-te a excelência.

ALCIBÍADES Dizes a verdade.

SÓCRATES E, antes de possuir excelência, mais vantajoso do que comandar é ser comandado por alguém melhor; não apenas no caso das crianças, mas também no dos adultos.

ALCIBÍADES Parece que sim.

SÓCRATES E o melhor também é mais belo?

ALCIBÍADES Sim.

SÓCRATES E o mais belo é mais conveniente?

ALCIBÍADES Como não?

SÓCRATES Mas a quem é ruim convém mais obedecer.

ALCIBÍADES Sim.

SÓCRATES Então a ruindade é servil.

ALCIBÍADES Parece.

SÓCRATES Enquanto a excelência é livre.

ALCIBÍADES Sim.

SÓCRATES E não é preciso escapar da servidão, meu caro?

ALCIBÍADES Ao máximo, Sócrates.

SÓCRATES No entanto, percebes o que agora tens? É liberdade ou não?

ALCIBÍADES Na minha opinião, percebo até em demasia.

SÓCRATES E sabes como escaparás dessa tua condição atual? Não a nomearemos, já que se trata de um belo homem.

d   ALCIBÍADES Eu, sim.

SÓCRATES Como?

ALCIBÍADES Depende do teu desejo, Sócrates.

SÓCRATES Tuas palavras não são belas, Alcibíades.

ALCIBÍADES Mas o que deveria eu dizer?

SÓCRATES Que depende de um desejo divino.

ALCIBÍADES Pois digo. E digo ainda mais, que corremos o risco de trocar os papéis, Sócrates, eu com o teu, e tu com o meu. Não será possível ficar como está. A partir de hoje, não és tu que me acompanhas, mas eu que te acompanho.

e   sócrates Meu nobre amigo, o meu amor, então, vai se assemelhar ao da cegonha.[14] Após haveres incubado em ti um amor capaz de voar, vais retribuir tratando dele.

ALCIBÍADES Assim será! A partir de agora, cuidarei de me dedicar à justiça.

sócrates E o meu desejo é que fosses até o fim. Contudo, mesmo sem desconfiar da tua natureza, eu tenho receio de que a força da cidade predomine sobre ti e sobre mim.

Notas do tradutor

1   A partir do texto grego estabelecido por J. Burnet, *Pla-
    tonis Opera*, v. ii (Oxford: Oxford University Press,
    1967). Em certas passagens, no entanto, é adotada a
    edição de N. Denyer, *Alcibiades* (Cambridge: Cambri-
    dge University Press, 2001).

2   O termo para esse jogo em grego é *astrágalos*, que se
    refere aos pequenos ossos de animais que eram utiliza-
    dos como peças e dados.

3   A referência é à tragédia *Hipólito*, de Eurípides, verso
    352.

4   Pepareto, atualmente Escópelos, é uma ilha na costa da
    Tessália.

5   Uma mina equivale a cem dracmas. Trabalhadores es-
    pecializados, como escultores e médicos, ganhavam
    seis dracmas por dia.

6   A imagem utilizada é de difícil explicação. As almas
    com um corte de cabelo servil seriam aquelas que ainda
    não se desenvolveram.

7   Os hilotas eram um povo subjugado pelos espartanos
    que habitava as regiões da Lacônia e da Messênia.

8   Um pletro, como a medida de um terreno, equivalia a
    trinta metros quadrados.

9   A tradução desse trecho segue a edição de N. Denyer,
    Alcibiades (Cambridge: Cambridge University Press,
    2001). Platão usa a construção "em si" para se referir
    ao objeto da busca pelo conhecimento. Por exemplo,
    quando investigamos o que é a beleza não estamos in-
    vestigando exemplos particulares de coisas belas mas
    o belo em si mesmo. No conhecimento de si, o "si" é o
    objeto do conhecimento. Então, se deveria buscar o "si
    em si mesmo".

10 Referência à *Ilíada* de Homero, livro 2, verso 547.

11 *Korê*, em grego, significa moça ou boneca, e também a
    pupila dos olhos. O termo tem um significado parecido
    com *pupila*, que é menina, em latim. Como essa é a
    origem do nome da pupila dos olhos em português, o
    jogo de palavras funciona.

12   As linhas 133c8-17 que apresentam a divindade só apa-
      recem em Eusébio e Estobeu, duas fontes antigas que
      nos transmitiram apenas partes do diálogo. Por isso,
      muitos editores e comentadores acham que se trata de
      uma adição tardia. O comentário da passagem oferece
      uma interpretação.

13   Ver linha 131b.

14   A crença que sustenta essa metáfora era de que as ce-
      gonhas velhas eram alimentadas pelas cegonhas novas
      que, durante a infância, tinham sido criadas pelas pri-
      meiras.

Guia comentado de leitura

INTRODUÇÃO

Imagine que os seres humanos são uma espécie de polidores de pedra. Ao longo do tempo, é de esperar que várias técnicas de polimento sejam inventadas e outras esquecidas. Agora imagine estar diante de uma pedra que vem sendo polida por mais de 2 mil anos. O que podemos esperar enxergar ali? Além de um reflexo muito nítido, uma fonte sempre crescente de informações preservadas sobre as técnicas de polimento, quem poliu e até sobre quem vai e como vai polir. A condição dos textos gregos antigos na cultura ocidental é similar a essa pedra que, agora, ocupa a imaginação do leitor. Não há outro objeto cultural que venha sendo fonte de exame especializado intermitente por mais de 2 mil anos. Além da riqueza de conteúdo, esse fator histórico os torna fontes inigualáveis de reflexão, inclusive para quem almeja vislumbrar o porvir. O *Alcibíades I*, traduzido neste volume, não é exceção.

Oito séculos após a morte de Platão, Proclo, em seu *Comentário ao Alcibíades I*, concorda com Sócrates: toda filosofia começa com o conhecimento de si (§5). O comentador ainda se refere às linhas 229e-130a do *Fedro*, em que lemos: "Ainda não fui capaz de conhecer-me a mim mesmo, como recomenda a inscrição em Delfos. E, disso ainda ignorante, parece-me ridículo investigar aquilo que me é alheio".[1] Por sua vez, Jâmblico, o filósofo neoplatônico, recomenda que o estudo da filosofia de

Platão comece pelo *Alcibíades I*, pois nele encontramos
uma semente de todos os temas tratados nos outros diálogos (§11). Os comentadores modernos, não obstante,
assumiram uma atitude menos receptiva ao texto. Desde
Schleiermacher, em 1836, coloca-se em dúvida a autoria
do *Alcibíades I*. Por conseguinte, houve menos estudos
sobre o diálogo nesse período. No entanto, a tendência
mais recente é de uma crescente, ainda que não unânime,
aceitação do diálogo. Denyer[2] e Jirsa,[3] por exemplo, oferecem sólidos argumentos a seu favor enquanto Smith[4] e
Gribble[5] não o aceitam. O ponto positivo dessa mudança
é o aumento de pesquisas dedicadas ao diálogo.

Este guia de leitura se pauta no intuito de esclarecer
e, quando necessário, aprofundar a compreensão do texto
do *Alcibíades I*. Para tanto, passagens de outros diálogos
platônicos serão trazidas para a discussão. Desse modo, seguindo a abordagem dos comentadores antigos, o leitor en-
contrará aqui também uma introdução germinal à filosofia
de Platão. De maneira indireta, essa associação de passagens reforçará o coro daqueles que defendem a legitimida-
de do diálogo. No entanto, independentemente do debate
sobre originalidade e autoria, o valor do texto, da tradução
e do guia que se segue consiste na divulgação de um texto
que se prova digno de uma leitura cuidadosa. Afinal, como
nota Proclo, todos nós, em alguma medida, partilhamos
a condição de Alcibíades: "Pensamos que sabemos muitas
coisas que não sabemos devido a noções inatas presentes
em nós", de modo que "precisamos de assistência, tanto
para nos afastar de um orgulho excessivo quanto para perceber o cuidado apropriado a nós mesmos" (§7).

UMA BREVE BIOGRAFIA DE ALCIBÍADES

Alcibíades figura neste diálogo platônico e em outros três:
o *Protágoras*, o *Banquete* e o *Alcibíades II*. Além disso,

ele é mencionado no *Górgias* e no *Eutidemo*. Trata-se de um personagem histórico, Alcibíades III, um ateniense que viveu de 451 até 404 a.EC. Sua mãe era Dinômaca e seu pai, Clínias II (não confundir com Clínias III, que aparece nos diálogos platônicos e é primo de Alcibíades III). Nails[6] é um ótimo ponto de partida para quem quiser entender mais sobre os personagens dos diálogos platônicos em geral.

O pai de Alcibíades foi morto na batalha de Coronea em 446 a.EC. Depois disso, Alcibíades e seu irmão foram deixados sob a guarda do primo de Dinômaca, Péricles I, provavelmente a figura política mais influente da época. Alcibíades, um jovem belo, inteligente, rico e ambicioso, desenvolveu com o povo de Atenas uma relação tão intensa quanto a sua personalidade. O sentimento de desejo e repulsa é descrito por Aristófanes, em *As rãs* [1425]: "Eles esperam-no, eles o temem, eles querem tê-lo". Alcibíades é descrito como um líder competente em batalhas terrestres e navais, bem como um orador persuasivo na assembleia. Segundo Plutarco, seu biógrafo antigo, ele possuía anquiloglossia (língua presa) e utilizava os sons sibilantes a seu favor nos discursos. Alcibíades também foi detentor de vários recordes esportivos, obtidos não como participante de competições, mas, antes, por ser proprietário de equipes de cavalo em corridas de bigas.

Em Tucídides [6.16 1-4], encontramos um exemplo de como Alcibíades utiliza seus recordes e riqueza para convencer os cidadãos a nomearem-no líder de uma expedição militar na Sicília. Nessa ocasião, a disputa era com Nícias, um influente general que se opunha à expedição por causa da difícil situação de Atenas frente a Esparta na Guerra do Peloponeso. Os atenienses acabam por aprovar a expedição nomeando Alcibíades e Nícias como comandantes. No início, eles conquistam algumas vitórias, porém, ao mesmo tempo, Alcibíades é condenado em Atenas por ter participado da profanação de estátuas sagradas

antes de partir. Ao ser trazido de volta para a cidade, ele
consegue saltar do barco e fugir para Esparta. No período de exílio, Alcibíades coopera com os espartanos,
fornecendo-lhes, inclusive, informações relativas à Sicília.
A situação ateniense na guerra se complica ainda mais.
A trajetória de Alcibíades em Esparta repetiu aquele padrão volúvel. Ele logo ascendeu na hierarquia, segundo alguns relatos, a ponto de ter um caso com a rainha, aventu-
ra essa que lhe rendeu uma condenação à morte. Mais uma
vez, Alcibíades escapa. Após o colapso da oligarquia de
411 em Atenas, ele é convidado a voltar à cidade e retomar
o comando do Exército em uma expedição a Samos. Sob
seu comando, a Marinha ateniense obtém grande êxito;
porém, após uma derrota, os atenienses decidem depô-lo
novamente. Apesar — ou talvez por causa — da tumultua-
da relação, ainda havia quem depositasse suas esperanças
em um retorno de Alcibíades para liderar Atenas na ocasião de sua morte em 404 a.EC. Não há uma versão unânime que aponte o responsável pelo seu assassinato, mas
é provável que os espartanos, o ateniense Lisandro ou até
os persas estivessem envolvidos. Plutarco, em suas *Vidas
paralelas*, nos fornece uma versão anedótica da biografia
de Alcibíades. Entre as versões mais históricas, como nós
entendemos o termo, destacam-se as de Ellis[7] e Rhodes.[8]

Desde a Antiguidade, associa-se a condenação à morte de Sócrates à sua relação com Alcibíades. Xenofonte
(crítico de Alcibíades e admirador de Sócrates) e Isócrates
(crítico de Sócrates e admirador de Alcibíades), no entanto, negam que essa relação tenha sido de pupilo e mestre.
No *Alcibíades I* e no *Górgias*, temos declarações de amor
de Sócrates a Alcibíades. No *Banquete*, por outro lado,
temos um Alcibíades abalado pelo amor não correspon-
dido de Sócrates. Nesse diálogo, Platão faz Alcibíades relatar como Sócrates salvara a sua vida ao resgatá-lo ferido na batalha de Potideia [220e]. Os generais atenienses,
entretanto, teriam preferido honrar Alcibíades pelo feito,

devido à sua linhagem. Não há dúvidas de que a relação entre os dois foi complexa, mas é preciso ter em mente que o modo como ela é retratada nos diálogos platônicos está mais comprometido com a riqueza da discussão filosófica do que com a precisão histórica. De qualquer maneira, o caráter de Alcibíades, suas honras, seus méritos, seu futuro trágico e sua relação com Sócrates fornecem elementos necessários para entendermos o *Alcibíades I*.

SÓCRATES, PLATÃO E UM OU DOIS SÓCRATES EM PLATÃO

Sócrates nunca escreveu nada (na verdade, talvez ele tenha composto algumas fábulas no fim da vida). O ponto é que a filosofia socrática estava mais próxima de uma prática de vida do que do desenvolvimento de uma teoria. A despeito de essa opção limitar o alcance do seu pensamento às suas performances em Atenas, muitos foram os jovens influenciados por Sócrates, os quais, após a sua morte, iniciaram a tradição de escrever textos com o intuito de divulgar, preservar e avançar o pensamento do filósofo ateniense. É através dessa tradição de relatos que nós, 2400 anos após a sua morte, tentamos entender Sócrates e sua filosofia. Os relatos e suas fontes são muito variados, o que gera uma série de controvérsias, grande o bastante para ganhar um nome entre os estudiosos. A "questão socrática" já possui uma tradição de estudos que impossibilita abordá-la neste espaço. A tentativa será apenas de apresentar a perspectiva que orientou este "Guia comentado de leitura". Para uma boa introdução à questão e à filosofia de Sócrates em geral, ver Brickhouse e Smith.[9]

Uma vez que nos faltam textos da própria lavra de Sócrates, temos de nos fiar em relatos secundários. Na tentativa de ser fiel à prática filosófica socrática, a maneira preferida — mas não exclusiva — de apresentar o seu pensamento é o diálogo. Dentre as fontes mais próximas que nos chegaram, destacam-se os textos de Platão e Xenofonte, e, de um ponto de vista crítico e parodiado, o retrato de Sócrates na comédia *As nuvens*, de Aristófanes. Ainda que hoje em dia haja uma tradição crescente de estudos dedicados a Xenofonte, foram os textos de Platão que moldaram a figura quase mítica que hoje temos de Sócrates na tradição filosófica ocidental. De maneira tão esquemática que beira a falsidade, costuma-se aceitar que Xenofonte talvez apresente relatos mais próximos ao que aconteceu, mas que o texto platônico o supera em profundidade filosófica. Isso porque, oriundos de uma tradição oral ainda pungente, os gregos operavam com uma noção de fidelidade ao autor diferente da nossa. Ao que parece, importava menos relatar o acontecido do que apresentar o que deveria ter acontecido em vista do que eles consideravam ser o pensamento de Sócrates. Essa seria a postura de Platão. É por isso que, na sequência, quando se falar de Sócrates, sempre fazendo referência aos textos de Platão, não haverá nenhuma pretensão de assegurar que se trata do Sócrates histórico. Isso, no entanto, não elimina os problemas do intérprete.

Mesmo se nos restringirmos aos diálogos platônicos, encontramos dificuldades hermenêuticas. O problema não se limita a algumas passagens que não são consistentes umas com as outras; isso poderia ser explicado por descuido do autor. No entanto, o que encontramos são grupos de diálogos que parecem apresentar um Sócrates que realiza sua prática filosófica de diferentes maneiras. Grosso modo, temos os grupos dos diálogos:

Primeiros: *Apologia, Cármides, Críton, Eutífron, Górgias, Hípias Menor, Íon, Laques, Protágoras, Alcibíades I* e *República I*.

Transicionais: *Eutidemo, Hípias Maior, Lísis, Menexeno* e *Mênon*.

Médios: *Crátilo, Fédon, Banquete, República* II-X, *Fedro, Parmênides* e *Teeteto.*
Tardios: *Timeu, Critias, Sofista, Político, Filebo* e *Leis.*

Nos estudos socráticos, há uma tendência entre os pesquisadores de distinguir os diálogos primeiros e transicionais como apresentando um Sócrates menos platonista. Há quem os chame de diálogos socráticos, já que neles há poucas referências à teoria platônica das Formas. Os diálogos médios recorrem a essa teoria de maneira mais explícita e, por fim, os diálogos tardios apresentam uma crítica a essa teoria (sem, necessariamente, abandoná-la). Nos tardios, Sócrates nem sempre é o protagonista.

A divisão, mais uma vez, é esquemática, pois uma leitura cuidadosa dos diálogos revela uma situação mais complexa, em que os elementos de um grupo aparecem no outro. Essas nuanças vão além da proposta desta Introdução. De qualquer maneira, acredito que falar de discussões socráticas — em vez de diálogos socráticos — seja a postura mais apropriada para quem identifica um modo de praticar filosofia que predomina nos diálogos primeiros e transicionais, mas que ainda opera em algumas seções dos médios e tardios. É com essa abordagem que este "Guia comentado de leitura" tratará da filosofia de Sócrates e fará referência a outras passagens do corpus dos diálogos de Platão.

* * *

PRELÚDIO: O POTENCIAL DA AMBIÇÃO

Ter tudo aquilo que não importa
[103a-105a]

Alcibíades é caracterizado como um jovem belo, orgulhoso, de família influente e abastada. Em suma, ele possui — em profusão — tudo que um ateniense do século v desejava para ser feliz. Sua condição acaba atraindo uma horda de admiradores que ele, no entanto, despreza. É um assunto recorrente na filosofia grega o debate se tais bens adorados pela opinião comum são necessários e/ou suficientes para a felicidade. No *Eutidemo* [278e-279a], Clínias, um primo de Alcibíades, diz que todas as pessoas desejam ser felizes e que, para isso, precisam de vários bens como riqueza, saúde, beleza, nobreza, honrarias, virtudes morais e sorte. Sócrates, nesse e em outros diálogos, defende que a virtude é o bem principal e tende a reduzi-la ao conhecimento. Sua justificativa é que, se usados sem sabedoria, bens como beleza, riqueza e saúde levarão a males ainda maiores a quem os possui [281d]. Portanto, o bem que provém dessas coisas seria dependente do conhecimento. No *Alcibíades I*, veremos, não será diferente.

A reflexão ética entre os gregos antigos tenta responder à questão: como eu devo viver? Para tanto, eles usam a felicidade como parâmetro, pois seria um truísmo que a boa vida é aquela que traz mais felicidade. É por isso que a chamamos de éticas eudaimonistas (*eudaimonia* é felicidade, em grego). Nesse ponto de partida, elas estão de acordo com a opinião comum. São diferentes, por exemplo, das éticas contemporâneas que se preocupam mais em questões como: o que é correto fazer? A resposta dos filósofos antigos para o modo de vida que traz mais felicidade, no entanto, destoa do senso comum. Segundo os filósofos, a felicidade não depende da satisfação dos prazeres e desejos materiais, mas, sim, da aquisição de virtudes.[10] Ética das virtudes denomina essas posições segundo as quais um agente deve adquirir a disposição de agir de maneira virtuosa a fim de alcançar a vida feliz. Mais adiante, teremos a oportunidade de verificar mais a fundo a posição de Sócrates acerca desse debate ético persistente entre a vantagem individual e o bem coletivo.

No começo do diálogo, Sócrates também revela que não se aproximara de Alcibíades antes por causa de um "impedimento espiritual". Essa expressão traduz o termo grego *daimôn*, do qual se origina "demônio" em português, mas sem a conotação necessariamente negativa. Outras traduções possíveis são "espírito" ou "gênio".[11] Em Sócrates, esse impedimento espiritual seria uma voz que nunca o exorta e apenas o dissuade de praticar algumas ações. Por exemplo, em seu julgamento, ele diz que o *daimôn* não o impede de criticar os atenienses e o júri, comportamento que resulta em sua condenação à morte [*Apologia* 31d]. Aqui, o *daimôn*, assim como o adjetivo "divino" utilizado abaixo, será lido de maneira branda em referência a tudo aquilo cuja causa ou origem não seja imediatamente identificável, como no caso de pressentimentos, intuições ou impulsos controlados, segundo Nussbaum.[12]

A peculiaridade no *Alcibíades 1* é que Sócrates, ao se manter próximo do jovem, parece insistir em pedir permissão para esse impedimento espiritual. Isso indica a força de sua admiração por Alcibíades. No entanto, se Sócrates, diferentemente dos outros admiradores, não confere a mesma importância à beleza, à riqueza e à nobreza, ainda temos de encontrar fator motivador dessa atração.

Ser definido por suas aspirações
[105a-106b]

Sócrates recorre a um experimento mental para revelar os traços da personalidade de Alcibíades que o atraem. Experimentos mentais são um tipo de laboratório do filósofo que imagina situações hipotéticas (muitas vezes fantásticas) com o intuito de revelar um aspecto que passe despercebido na complexidade da realidade. Sócrates imagina um deus obrigando Alcibíades a fazer a seguinte escolha. O belo, rico e nobre rapaz pode viver o resto da

vida com tudo isso que possui no momento ou morrer
agora. O filósofo acredita que o jovem escolheria morrer.
A suposição pode parecer surpreendente, mas faz sentido.
Alcibíades desprezava aqueles que o admiravam pela sua
beleza, riqueza e nobreza justamente por não exagerar a
importância atribuída a tais tipos de bens. Sócrates revela
também o que é que Alcibíades valoriza. O jovem possui
a ambição de ser o mais poderoso dentre os humanos,
não apenas entre os gregos, mas entre todos os seus con-
temporâneos, os que já existiram e existirão. A busca pela
honra eterna é um dos atributos do herói grego arcaico
que encontramos nos poemas homéricos. Essa pode ser a
fonte do potencial identificado por Sócrates em Alcibíades, porém ela será ressignificada no decorrer do diálogo.

Trata-se de uma estratégia recorrente: Sócrates primeiro se põe na perspectiva de seu interlocutor para, a partir
daí, começar a questionar essa posição. O questionamen-
to do ponto de vista interno, por conseguinte, leva o seu
interlocutor a questionar a si mesmo. Nesse diálogo, a
ambição de Alcibíades por honrarias e poder serve como
ponto de partida. Sócrates ainda enfatiza que o rapaz só
será capaz de desenvolver ao máximo sua potencialidade
se tiver a ajuda do filósofo. Nessa passagem, Sócrates é
mais assertivo do que de costume sobre a sua influência.
Talvez isso decorra do propósito de o diálogo apontar a
inevitabilidade do conhecimento de si para a boa vida.
De qualquer maneira, aqui o terreno começa a ser ara-
do em vista da tentativa subsequente de se estabelecer o
conhecimento como objeto da ambição de Alcibíades. A
substituição transforma a ambição de adquirir poder a
qualquer custo em aspiração de se tornar um ser humano
mais sábio. A mudança de preferência é justificável, uma
vez que conquistar o poder de decidir sobre as ações de
todos os seres humanos seria desastroso se o jovem não
adquirisse sequer a capacidade de *realmente* decidir sobre
as próprias ações. Esse é o âmbito do autoconhecimento

e, diferente do que possa parecer à primeira vista, uma tarefa ainda mais árdua e gigantesca do que a anterior.

A figura excêntrica do filósofo
[106b-106d]

A afirmação de sua imprescindibilidade por parte de Sócrates é recebida com certo escárnio por Alcibíades. Para qualquer ateniense importante, pareceria mesmo risível que o filósofo tivesse algo a oferecer a Alcibíades. Sócrates sempre se retrata como uma figura excêntrica ou deslocada dentro da cidade, e essa caracterização seguramente contribui para o estereótipo dos filósofos que ainda vale nos dias de hoje. Porém, a excentricidade não deve ser generalizada. Mais adiante, veremos que Péricles, a principal figura na política ateniense no auge das cidades-Estado, se cercava de intelectuais, muitos dos quais chamaríamos de filósofos. Sócrates tenta se diferenciar desses intelectuais que cercam o poder a partir do seu compromisso único com a busca pela verdade, em oposição àqueles chamados de sofistas, que usam argumentos para ganhar debates e influenciar decisões. No *Górgias* [458a], ele chega a declarar que ser refutado o deixa feliz, pois — se o argumento foi válido — o refutado é quem sai ganhando uma opinião verdadeira.

De qualquer maneira, o que se segue na dramatização do diálogo é que Sócrates precisará convencer Alcibíades de sua utilidade. Para tanto, ele o convida a participar do método de investigação que ficou conhecido como o *elenchos* socrático (o nome vem do verbo grego *elenkhô*, que significa refutar ou examinar criticamente). Aqui, vemos a oposição metodológica entre Sócrates e os sofistas. Estes são oradores refinados que se valem de longos discursos; é com esse tipo de performance que Alcibíades está acostumado. Talvez seja devido a esse costume que

Sócrates, diante do resultado decepcionante da primeira parte, recorre a um discurso longo e provocativo no interlúdio que precede a segunda parte. No entanto, na maior parte do diálogo, o filósofo procede pela dinâmica mais cooperativa do *elenchos*, que é a sua preferida.[13]

Em geral, qualquer um pode participar do processo, desde que aceite três condições: (I) fornecer respostas curtas, que (II) representem o que o interlocutor realmente acredita, e (III) admitir que as implicações de suas respostas, ainda que nunca tenha pensado nelas, também fazem parte de suas crenças. É ao mostrar implicações que os interlocutores não haviam percebido que Sócrates realiza grande parte das suas refutações.

No *Alcibíades I*, encontramos uma peculiaridade na dinâmica do *elenchos*. Alcibíades concorda em dar respostas e também segue as implicações inesperadas das respostas que dá; no entanto, ele nunca admite que o que diz é realmente o que acredita. Em vários pontos, afirma que concordará com um ponto apenas para ver até onde Sócrates conduz o argumento. Por outro lado, no que concerne ao conteúdo da investigação, o diálogo se mostra um exemplar perfeito do método socrático. Como diz Nícias, no *Laques* [187e], quem quer que converse com Sócrates dará voltas e voltas e, mesmo que tenha começado com um tema totalmente diferente, acabará falando de si mesmo, do modo como vive e como viveu no passado.

PARTE I

CONHECIMENTO DO JUSTO

Condições para a aquisição do conhecimento
[106d-106e]

À luz das ambições de Alcibíades, Sócrates se propõe a investigar qual é o conhecimento que o jovem possui que lhe permite dar conselhos sobre as decisões políticas de Atenas. Para tanto, é preciso identificar quais são as condições para a aquisição de algum conhecimento.

É comum que o exame por perguntas e respostas opere através de disjunções, ou seja, situações em que o interlocutor é posto em bifurcações nas quais não há uma terceira alternativa. Nesse caso, Sócrates diz que se alguém sabe algo é porque aprendeu ou descobriu. A distinção entre os termos "descobrir" e "aprender" nos permite entrever os significados de maneira mais precisa. O aprender, no sentido usado aqui, requer um mestre que transfira algum conteúdo informativo ou habilidade para o aprendiz, enquanto o descobrir se refere ao conhecimento adquirido por si só. Essa divisão é importante para resolvermos o problema aludido anteriormente, de que Sócrates, em geral, nega que tenha discípulos ou aprendizes, mas afirma, aqui, que o personagem-título precisa dele para desenvolver o seu potencial. Ora, se Sócrates se enxergar mais como o guia de um processo cooperativo de autoconhecimento, ele será essencial sem ser um mestre que transfere algum conteúdo no sentido estrito do termo "aprender".

Sócrates também pergunta se alguém, em sã consciência, procuraria aprender ou descobrir aquilo que já sabe. A resposta negativa vem com a impaciência própria da juventude. Esse passo revela a importância do famoso dito socrático "só sei que nada sei". O primeiro passo para o conhecimento é reconhecer aquilo que não sabemos. Sócrates emprega, inclusive, o autoexame a fim de descobrir que não se sabe o que acreditava saber como a sua grande vantagem intelectual [*Apologia* 23bc]. É por isso que o filósofo toma por missão submeter seus interlocutores ao *elenchos*, processo pelo qual ficará provado que eles não sabem o que acham que sabem. Desse modo, podemos descrever o *elenchos* como um "só sei que nada sabes". O caso de Alcibíades não é diferente; no entanto, nesse

ponto, ele ainda não desconfia das implicações geradas
por suas respostas.

O critério de excelência
[106e-107d]

Estabelecidas as condições de aquisição de conhecimento, Sócrates lista o que Alcibíades aprendera. Como todo
jovem que passa pela *paideia* (algo como o sistema de
educação grego), ele foi alfabetizado, treinou as artes da
ginástica, como as lutas, e aprendeu música, mais especificamente a cítara, instrumento associado a Apolo, à razão e à moderação. Ele recusara a flauta que era associada a Dioniso, ao excesso e à servilidade. Na *República*,
Platão bane a flauta da cidade, mas, nas *Leis*, ela é aceita.
De todo modo, nenhuma dessas habilidades parece ter
serventia com relação aos assuntos que são discutidos nas
assembleias públicas. Podemos ver aqui uma crítica ao
sistema de educação ateniense, mas o foco é, sem dúvida,
o caso individual de Alcibíades.

O segundo passo é trazer para a discussão certos ofícios que possuem uma aplicação mais corriqueira na cidade, ainda que não diretamente na política. Sócrates utiliza o exemplo dos arquitetos/engenheiros, especialistas na
construção de casas; dos adivinhos, especialistas em fazer
previsões; e dos construtores navais, cuja técnica concerne
às naus. A inserção dos adivinhos em meio a dois ofícios
práticos e que resultam em produtos materiais pode nos
parecer estranha. No entanto, além de o presságio ser um
componente importante na cultura grega, temos de lembrar que toda decisão em uma assembleia política lida com
um problema ou situação presente, advindo de uma causa
passada e com o intuito de gerar uma solução ou benefício futuro. Esse conhecimento é atribuído aos adivinhos,
como Calcas, que sabe como as coisas foram, são e serão

[*Ilíada*, 68-70]. Por outro lado, Atenas, no século v, vive um certo iluminismo em que esse conhecimento deixa de ser tão místico e os processos de decisão passam a ser mais racionais (vide as discussões em Tucídides, como o diálogo de Melos [5.84-116]). Por fim, no *Laques* [199a], Sócrates aproxima a arte do general com a do adivinho a partir das vantagens de se saber o presente e o futuro, e prossegue para definir a virtude da coragem como conhecimento de bens e males passados, presentes e futuros.

De volta ao nosso diálogo, Sócrates ainda confirma que porte, beleza e nobreza — os atributos pelos quais Alcibíades era perseguido — não importam na escolha desses profissionais ou conselheiros. Assim, o pano de fundo das virtudes fica claro; o critério relevante para se determinar se um profissional é bom é um critério intrínseco à sua atividade, ou seja, só depende de sua excelência em desempenhar a função. Eis a primeira semente do argumento geral de Sócrates. Para se tornar o que almeja, Alcibíades precisa adquirir os conhecimentos que o tornarão um especialista nos assuntos relevantes. Para isso, será necessário descobrir quais são esses conhecimentos.

Não saber sequer qual conhecimento é necessário
[107d-109a]

Alcibíades, então, delimita os assuntos sobre os quais oferecerá conselhos. Trata-se das questões mais importantes para uma cidade-estado grega do século v, a saber, as decisões acerca da guerra e outras questões políticas. Afinal, a atividade bélica e suas alianças eram ainda uma das principais fontes de renda para as cidades-Estado gregas. Sócrates repete a sua estratégia de recorrer a analogias com campos do conhecimento tidos como menos importantes em vista dessas questões políticas. Dessa vez, ele utiliza a especialidade do treinador de lutas e do professor de música a fim de extrair os requisitos para que alguém seja um bom conselheiro. Convém notar que Sócrates recorre a dois campos do conhecimento com os quais Alcibíades tivera contato em sua formação. Isso porque, como ele enfatizará adiante, para haver acordo entre duas partes, é preciso haver conhecimento. Não há como concordar que cinco mais sete são doze sem que os dois lados partilhem um conhecimento básico de matemática.

Segundo Sócrates, um conselho estará correto na medida em que mostrar como fazer o melhor em uma dada situação. Porém, utilizamos "bom" e o seu comparativo "melhor" de maneira muito vaga. Pensemos, por exemplo, na diferença do esforço intelectual exigido entre declarar que uma música é boa e explicar por que é que ela é boa ou por que uma outra versão é melhor. A discussão socrática tenta superar essa vaguidade. Nesse passo, a saída é descrever o critério de correção como aquilo que é feito de acordo com um campo do conhecimento (expressão geral o bastante para abarcar arte, técnica e ciência).

Ao desenvolver a analogia da música, a melhor ação é aquela realizada de acordo com a arte musical, ou, nas palavras de Sócrates, "musicalmente". A opção pela construção adverbial "musicalmente" como sinônimo de "ação correta segundo os preceitos do campo do conhecimento" é cheia de significado. Isso porque ela qualifica a execução virtuosa menos como uma atividade do que como um modo de realizar tal atividade. A diferença entre o músico amador e o profissional não está tanto no que eles produzem (já que ambos podem tocar a mesma peça), mas, sim, no modo pelo qual o farão. O profissional tocará mais musicalmente. Trata-se, portanto, da aquisição de uma disposição para executar corretamente, um processo próximo à formação de um caráter ou personalidade.[14] Se passarmos para o âmbito das decisões, podemos começar a entender a aquisição do conhecimento sob o paradigma das virtudes formando uma disposição que culmina em decisões e ações corretas. Essa formação talvez explique a atuação do guia espiritual de Sócrates ao fazer certas escolhas.

"Não *tenho* muito o que dizer" [108e]. Essas palavras marcam o primeiro choque de realidade experienciado por Alcibíades. A linguagem é de posse, e, pela primeira vez, o jovem orgulhoso reconhece que alguma coisa lhe falta. Pululam analogias para esclarecer o seu estado. Entre elas, fingir ser um médico sem ter o conhecimento da medicina é vergonhoso, mas fingir ser algo do qual se ignora até mesmo o conhecimento necessário para sê-lo é fundamentalmente pior! O elemento elusivo que os dois procuram é o campo do conhecimento que forneceria o critério para determinar o que é correto no caso das decisões políticas referidas anteriormente.

O que um político deve saber
[109b-109d]

As perguntas saem de Sócrates como música de uma lira. Mais uma vez, encontramos um padrão que reaparece nos diálogos: perguntar por uma causa comum que nos permite classificar um exemplar particular como pertencente a um tipo geral — nesse caso, qual é a causa comum de toda guerra. Alcibíades oferece um tipo de resposta que também é frequente entre os interlocutores dos diálogos socráticos. Ele cita exemplos de motivos para guerrear, tais como uma cidade-Estado ser enganada, roubada ou violentada. Sócrates não aceita esse tipo de resposta particular. Interessa-lhe algo que seja comum a todos esses exemplos específicos. Com a menção ao âmbito da justiça, Alcibíades finalmente toca no ponto nevrálgico da discussão.

Antes de prosseguirmos, no entanto, convém notar a tendência universalizante da epistemologia de Sócrates. O termo "universal" só será cunhado por Aristóteles, mas, ao fazer essa sorte de pergunta e não se satisfazer com respostas particulares, Sócrates deixa claro que, para valer como conhecimento, uma resposta deve ser capaz de explicar todos os casos similares. No *Alcibíades I*, isso aparece de maneira incipiente. Os casos mais característicos dos diálogos socráticos ficaram conhecidos como uma pergunta do tipo "O que é X?", onde X, em geral, é uma das virtudes. Assim, temos o *Cármides*, em que Sócrates pergunta o que é a prudência; o *Laques*, no qual ele pergunta o que é a coragem; a *República I*, em que eles discutem o que é justiça; e o *Eutífron*, no qual tentam definir a piedade. Assim, são contempladas as virtudes cardinais gregas, e a tendência é reduzi-las ao conhecimento.

Podemos determinar um pouco melhor esse procedimento a partir do *Eutífron*. Ao perguntar o que é a piedade, Sócrates deixa claro que uma resposta satisfatória deve descrever uma propriedade que todo caso particular de piedade tenha, seja uma ação piedosa, seja, até mesmo, uma canção piedosa. Donde,

Condição 1: para responder o que é um X, temos que descrever a propriedade que toda ocorrência desse X possui.

Eutífron, que é algo próximo do que hoje chamaríamos de teólogo, responde que tudo o que é piedoso é amado pelos deuses. No entanto, após mais uma rodada argumentativa, Sócrates conclui que essa condição 1 não basta. Afinal, ser amado pelos deuses é uma consequência, e não a causa, de algo ser piedoso. Portanto, o critério para uma resposta satisfatória deve ser mais restrito. Ela deve descrever aquilo que *faz* com que todo caso particular de piedade seja piedoso. Assim,

Condição 2: para responder o que é um X, temos que descrever a causa pela qual tudo que é X é um X.

Com essas condições epistemológicas em mente, analisaremos o papel da justiça na determinação dos melhores conselhos e das melhores ações no campo da política.[15]

Aprender a justiça
[109d-110c]

Após estabelecer a justiça como critério para verificar a correção das decisões políticas, Sócrates retoma a disjunção sobre a aquisição de um conhecimento [106de]. Portanto, ou Alcibíades aprendeu com alguém, ou investigou e descobriu por si mesmo. Comum a ambos os casos é a necessidade de haver um tempo em que Alcibíades estava ciente de não conhecer o assunto. O jovem, no entanto, falha em citar quem foi o seu professor nos assuntos relativos à justiça. Antes de Platão fundar a Academia — ou de os sofistas oferecerem seus cursos —, a filosofia ou a justiça não faziam parte da educação grega. Como Alcibíades mostrará, os valores eram adquiridos de maneira espontânea. Ele poderia ainda defender que descobrira por si só. No entanto, o jovem não consegue se lembrar de uma época em que era admitidamente ignorante sobre questões de justiça.

Se trouxermos o âmbito do autoconhecimento para o contexto da reflexão, encontraremos uma lição instigante: o fato de que sempre tivemos a mesma opinião sobre um assunto — ao contrário do que, à primeira vista, parece — deveria ser um indicativo de que tal opinião *não* vale como conhecimento. A opinião em questão pode até ser verdadeira, mas uma pessoa que nunca duvidou e pôs suas crenças e opiniões sob exame não pode assegurar que elas sejam confiáveis. Essa convicção que brota da falta de exame constitui uma fonte potencial de autoengano, já que é justamente em relação a tais assuntos, sobre os quais nunca nos questionamos, que agimos como se tivéssemos mais certeza. Parafraseando Sócrates [110c]: não encontrar um tempo em que você era ignorante em um assunto é sinal de que você carece de conhecimento. Para sair desse estado, é preciso reconhecer a ignorância advinda da falta de reflexão e colocar as suas próprias crenças sob exame.

O senso comum não ensina justiça
[110d-111e]

Encurralado pela disjunção, Alcibíades reformula a primeira alternativa. Talvez ele tenha, sim, aprendido de outrem o que é justiça, pois nem tudo o que se aprende advém de uma educação formal. A sua segunda resposta, bem perspicaz, é que aprendera com a comunidade. Sócrates, no entanto, não partilha desse otimismo. A comunidade não é capaz sequer de ensinar coisas simples como jogos de tabuleiro! Alcibíades rebate com o exemplo da aquisição da língua natural; uma de nossas habilidades mais complexas nos é ensinada pela comunidade, sem um professor ou método específico. Assim, a questão passa a ser sobre o tipo de conhecimento que caracteriza os assuntos de justiça. Estaríamos diante de uma epistemologia construtivista espontânea segundo a qual o conhecimento é desenvolvido apenas pelo convívio social, ou seria necessária uma posição mais refletida que demande uma prática de desenvolvimento específica?

A questão não é simples. É inegável que grande parte dos valores que nos definem é adquirida de maneira espontânea a partir do nosso convívio na sociedade e na comunidade em que vivemos. O Sócrates retratado nos diálogos platônicos reconhece a importância disso. No *Críton*, ele se recusa a desobedecer às leis da cidade que o haviam condenado à morte, pois elas o tinham criado. Por outro lado, como afirma em seu julgamento na

Apologia, ele dedicara sua vida a questionar as injustiças advindas de uma relação não examinada com esses valores e virtudes. O que está em questão aqui é a transição para uma moralidade de senso comum e uma filosofia moral ou ética. A moralidade de senso comum não contempla um esforço sistemático de satisfazer os critérios de racionalidade e conhecimento, enquanto a abordagem filosófica defendida por Sócrates se diferencia justamente pelo método negativo de autoexame crítico em busca de problemas. Segundo esse tipo de método, uma opinião é confiável somente se passou por escrutínio crítico e não foi refutada. Sócrates seria um protocientista (mas com métodos bem diferentes).[16]

Quem segue a moralidade de senso comum pode defender que não buscar uma vingança é covardia, em vista de uma concepção de justiça como reciprocidade, mas, em outra ocasião, defender que o mesmo comportamento é louvável em vista da piedade. O filósofo, no entanto, se incomoda com essa inconsistência, ainda mais porque ela abre espaço para que cada um escolha a versão mais conveniente para si a depender do caso. Diante disso, ele se propõe a examinar o problema, chegando à conclusão de que uma concepção de justiça retributiva talvez seja simplista demais para funcionar.

No *Alcibíades I*, Sócrates procura responder à questão sobre o tipo de aprendizagem dos assuntos de justiça investigando o que caracteriza um bom professor. Segundo ele, bons professores conhecem o que ensinam, e quem conhece o que ensina concorda com aquilo que ensina — tal qual os falantes de uma comunidade que, em geral, não discordam acerca do uso da linguagem. Esse acordo possibilita, inclusive, que haja comunicação entre eles. É verdade que, em situações cotidianas, os falantes de uma língua não discutem sobre o que é um cavalo ou o que é de madeira. Porém, como vimos anteriormente no caso de "melhor", mesmo no caso da linguagem grande parte desse acordo parece ser apenas um efeito colateral do modo vago com o qual utilizamos as palavras.

Quem buscar uma descrição determinada — ainda mais uma que satisfaça o critério do conhecimento, que é apresentar a causa pela qual todo exemplar de um X é um X — vai deparar com muitas dificuldades. Tantas que o final mais comum das discussões socráticas é a aporia, ou seja, chegar a uma dificuldade que é deixada para ser resolvida em outra oportunidade. Donde se segue que o exame dessas questões acaba sendo um projeto para a vida inteira.

A mesma dinâmica se aplica ao caso do autoconhecimento. Qualquer um que tentar elaborar uma descrição determinada de sua concepção de termos como "melhor", aplicados em cada área, ou mesmo de "justiça", vai, seguramente, encontrar dificuldades e se surpreender com quão vago é o nosso uso não refletido da linguagem. O que gera o paradoxo de que, no fim das contas, não concordamos sequer com nós mesmos acerca das questões de justiça.

A justiça por trás do Exército
[111e-112d]

Para comprovar o quanto divergimos em questões de justiça, Sócrates faz uso dos poemas épicos (que eram parte da *paideia* em Atenas) e também de exemplos históricos mais recentes, incluindo a morte do pai de Alcibíades em batalha. Afinal, cada parte de uma disputa legal entre cidadãos ou de uma guerra entre cidades-Estado acredita ter a justiça ao seu lado. No entanto, seria absurdo que duas posições opostas acerca de uma mesma questão estivessem corretas. Se a divergência mostra que não temos conhecimento de dado assunto, a violência com a qual estamos dispostos a defender nossas certezas não examinadas sobre justiça mostra o quanto estamos errados em nossa atitude epistêmica em relação às nossas opiniões.

No *Fedro* [a partir de 263a], Sócrates nota que não temos dificuldade em concordar com o uso de termos como "ferro" ou "prata", mas que essa facilidade não se repete no caso de termos de difícil definição como "justiça". Em vista disso, ele aconselha que, no princípio das discussões, cada um comece por apresentar uma descrição detalhada de sua posição. A nossa aceitação de um uso vago da linguagem pode, inclusive, gerar falsos acordos. Por exemplo, vamos imaginar que Céfalo e Trasímaco, dois personagens da *República*, participem de um banquete com Milo, famoso lutador grego. Os dois primeiros veem o lutador, que tem um porte bem maior que o deles, receber uma quantia maior de comida. Céfalo olha para Trasímaco e pondera: "É justo". O vizinho concorda. No entanto, seguindo a *República*, a definição de justiça para Céfalo é a de "cada um receber o que lhe cabe", ao passo que Trasímaco defende que o justo é "a vantagem do mais forte". De modo que o acordo entre os dois aconteceu apenas por acaso e devido ao uso vago do termo, já que uma quantia maior cabe ao lutador, e o lutador que recebeu mais é o mais forte. Esse tipo de ambiguidade reforça o ponto de que uma aquisição espontânea de valores sobre a justiça não é suficiente.

Também é preciso deixar claro que a postura de Sócrates não é relativista ou cética *avant la lettre*. Ele acredita que devemos submeter as várias posições, nossas e dos outros, ao *elenchos* a fim de, pelo menos, nos aproximarmos do conhecimento. O cético, por outro lado, defende que não há como provar qual é a posição mais correta, ao passo que o relativista defenderia que cada um tem a posição correta para si. A diferença pode ser posta em versões distintas do jargão socrático. Através do "só sei que nada sei", ele afirma duas coisas: que não sabe algo e que, portanto, há algo para saber. Um cético, como Arcesilau, diria "nem sei que nada sei", pois ele não pode sequer afirmar que existe algo para ser conhecido.

O primeiro choque de perplexidade de Alcibíades
[112e-113d]

Segundo Alcibíades, Sócrates teria dito que o jovem ainda seria ignorante nas questões de justiça. Sócrates, no entanto, o repreende. O problema não está no conteúdo da afirmação, mas, antes, no sujeito. Sócrates faz perguntas, Alcibíades oferece respostas, portanto, quem faz afirmações é Alcibíades e não Sócrates! Essa confusão por parte de Alcibíades revela outra qualidade do método socrático. Ele é capaz de extrair opiniões e crenças que os interlocutores não sabiam possuir. Para tanto, Sócrates os incita a seguir o argumento no intuito de trazer à tona as suas implicações. Em lógica, chama-se de fechamento o fato de um conjunto de premissas abarcar não só as premissas expressas, mas também qualquer premissa ou conclusão derivada daquelas expressas. Na discussão informal, isso implica que quem responde deve se comprometer não apenas com as opiniões que oferece, mas também com o que se segue dessas opiniões. Como vimos, essa é uma das condições do *elenchos*.

Nas respostas de Alcibíades, fica claro como seguir o argumento o deixa perplexo. O jovem recorre a expressões como "me parece", "aparentemente" e derivadas para conseguir dizer aquilo que gostaria de negar, mas não pode, pois se segue do que ele dissera. Através dessa perplexidade, Sócrates traz à luz as contradições internas que Alcibíades nunca identificara por não examinar devidamente suas crenças e opiniões. A posse de crenças contraditórias coloca uma questão para o "eu interior", que precisa decidir qual é o seu "verdadeiro eu". Aliás, seguindo a nossa discussão, parece melhor abandonar essas expressões vagas do senso comum. A questão que se apresenta ao agente que reflete sobre as suas posições e encontra contradições é se faz mais sentido seguir o resultado do raciocínio ou a crença irrefletida.

O perigo da filosofia
[113d-115a]

Alcibíades, como é comum diante da necessidade de nos confrontarmos, se esquiva. Para tanto, recorre à carta do pragmatismo. Afinal, os cidadãos influentes de Atenas não realizam assembleias para discutir o que significa "justiça". Constituições inteiras são redigidas sem tal definição. Isso porque quem atua na política assume que essa discussão é vã e que vale mais discutir questões práticas que tragam efetivamente vantagens para a cidade. Esse tópico aparece também no *Górgias* [484c]. Cálicles aconselha Sócrates a abandonar a filosofia para se ocupar das grandes questões, a saber, as decisões políticas. Parece ser um lugar-comum no século V que se ocupar com questões fundamentais como as filosóficas pode ser útil aos jovens, mas que deve ser abandonado em prol de questões práticas na idade adulta de atuação política. É justamente nessa transição que Alcibíades se encontra.

O jovem aceita responder a mais perguntas afirmando não acreditar que será desencaminhado por isso. "Pois agora és adivinho?" — nessas palavras de Sócrates, o leitor experimenta um aroma da ironia socrática. Ele sabe muito bem que Alcibíades não vai deixar a discussão do mesmo modo como entrara. Na verdade, essa é uma característica da discussão filosófica, principalmente aquela que lida com o campo da ética. Quem aceita se aprofundar nessas questões nunca sairá do mesmo jeito que adentrou, mesmo que, como de costume, não se alcance uma resposta definitiva para a questão. Essa característica geral também se aplica ao autoconhecimento. Simplesmente propor-se a refletir de maneira cuidadosa sobre nossos princípios, valores, motivações e preferências já basta para nos alterar.

Esse aspecto das nossas crenças é também uma evidência da importância prática de, com ajuda da filosofia,

pôr sob exame as nossas concepções mais fundamentais.
Afinal, no que concerne a bens materiais, podemos pos-
suí-los sem usá-los. No entanto, no caso de nossas crenças, opiniões e outros conteúdos mentais, nossas ações
podem sempre ser afetadas por eles. Um agente pode até
ter uma arma e decidir jamais usá-la; mas, se ele possui
uma opinião, é de se esperar que, mais cedo ou mais tarde, ela influenciará suas ações. Por isso é tão importante
cultivá-las da maneira mais cuidadosa possível.

Diferenciando bom, belo e vantajoso
[115a-115b]

A questão que se apresenta diante dos dois é sobre a relação entre o justo e o vantajoso. Trata-se de uma entre
várias maneiras de analisar o velho conflito entre agir
em vista da vantagem relativa ou da justiça em absoluto. "Vantagem relativa" parece um termo melhor do que
"vantagem individual", pois ela pode se aplicar aos interesses de uma coletividade, como uma cidade. Do mesmo
modo, a justiça em questão não é apenas coletiva, mas
sim tratada de uma maneira absoluta. O conflito surge
porque, muitas vezes, parece ser vantajoso para um indivíduo ou um grupo violar o que consideram ser justo
entre eles ou na maneira como querem ser tratados.

Sócrates já havia abordado esse conflito em passagens
anteriores. Ele questionara se seria justo fazer guerra contra quem é justo [109b]. Alcibíades responde que, mesmo
que alguém faça guerra com alguém justo por vantagem
própria não admitiria em público. Alcibíades afirma que
nem sempre ser justo é o mais vantajoso [113d]. Em vista
disso, Sócrates pede ao rapaz que lhe prove que o justo e
o vantajoso são diferentes. Alcibíades se recusa a fazê-lo,
e Sócrates se propõe a provar que o jovem está errado. O
que, no nosso contexto de autoconhecimento e de partir

das opiniões aceitas pelos interlocutores, consiste em provar que Alcibíades não concorda consigo mesmo quando diferencia justo de vantajoso, pois haveria um problema que se segue das implicações escondidas nesse raciocínio. Em vez de repetir a estrutura do diálogo, minha opção será por apresentar em forma de tratado os pontos que Sócrates parece avançar.

Ao desenvolver o argumento, Sócrates distingue e compara três termos centrais para a sua reflexão filosófica: bom, belo e vantajoso.

Belo: julgamento de valor estético positivo. É o que expressamos nos elogios à aparência de algo. Exemplos são afirmações como: "Que bolo bonito!".

Vantajoso: julgamento de valor pragmático e positivo que indica algum benefício considerado da perspectiva da primeira pessoa (do singular ou do plural). Assim, um confeiteiro que produz um bolo com o intuito de vender julga ser vantajoso acrescentar um determinado corante levemente prejudicial à saúde.

Bom: julgamento de valor positivo absoluto. A tentativa é de julgar algo positivamente de maneira objetiva. Na concepção de Sócrates, temos de saber "o que é ser um bolo", ou seja, o que faz um bolo ser um bolo, para, então, sermos capazes de caracterizar um bolo em particular como sendo um bom bolo em vista do conhecimento sobre o que é um bolo. Podemos pensar esse sentido de bom adotando uma perspectiva de terceira pessoa.

Feitas essas definições, podemos extrair conclusões sobre as suas propriedades. É uma particularidade do âmbito do belo não comportar uma diferenciação entre aparência e essência. Como se trata de um conceito estético, parecer belo equivale a ser belo. Porém, dessa delimitação decorre a possibilidade de haver coisas que são esteticamente belas mas essencialmente ruins. Não notar essa possibi-

lidade leva a um erro de inferência muito comum. Belo
não equivale a bom; no entanto, como a beleza nos atrai,
tendemos a achar que as coisas belas serão boas. O bolo
bonito, por exemplo, pode ser ruim.

Chegamos, desse modo, ao âmbito do "bom". Diferentemente do belo, o bom descreveria uma qualidade
essencial, dado que o que é bom sempre será bom. Há o
adendo de que o bom pode não parecer belo, ainda que,
por trás das aparências, se revele bom. Para explicar essa
possibilidade, Sócrates diz que o bom não possui a res-
plandecência do belo. Por outro lado, no caso do bom,
não há engano possível. Pode ser mais difícil reconhecer
o que é bom, mas se algo é bom, será, de fato, bom. Um
bolo sem o corante prejudicial à saúde pode parecer pior,
mas, decerto, como bolo (ainda que não como uma imagem) é melhor do que aquele que leva o corante.

O vantajoso, por sua vez, seria uma versão individual
e imediatista do bom muito associada ao prazer. Vantajoso é um conceito relacional, o que significa que algo que
é vantajoso para uma pessoa pode ser ruim para outra. O
bolo vistoso, porém prejudicial à saúde, é vantajoso para
quem vende, mesmo que não o seja para quem come. Nesse exemplo, o confeiteiro se aproveita da nossa tendência
de julgar o belo como critério do bom para nos convencer
a comprar o bolo.

Uma vez definidas as diferenças e as relações entre
bom, belo e vantajoso, convém fazer um breve excurso
histórico para entendermos as relações assumidas entre
esses termos na cultura grega. Em outras palavras, precisamos verificar como é que alguém que aprendera com a
comunidade entenderia esses termos.

Os poemas épicos associados a Homero, compostos
por volta do século IX, apresentam uma ligação estável
entre belo e bom. Assim, há uma tendência de retratar
os heróis virtuosos, sejam gregos, sejam troianos, também como belos. Essa união é igualmente refletida no

uso da linguagem. A expressão usada para se referir aos heróis — e aos cidadãos influentes no século — é *kalos k' agathos*, literalmente belo e bom. Além disso, às vezes se usa *kalos* (belo) e *agathos* (bom) de maneira intercambiável, inclusive na passagem que estamos analisando. No entanto, durante o período arcaico, por volta do século VII, identifica-se uma mudança. Na poesia lírica, Arquíloco [fr.114w] afirma preferir um general cambota e valente a um de belos cabelos porém covarde. A reflexão filosófica também acentua a diferença entre aparência e essência, como em Heráclito [B123], para quem a natureza das coisas está escondida. Através desse tipo de reflexão, a estabilidade dessa ligação entre belo e bom é posta em xeque. Sócrates, inclusive, ao ser descrito como alguém feio, excêntrico e, ainda assim, virtuoso, atesta essa mudança de paradigma. Alcibíades, por sua vez, encarna o estereótipo do herói homérico ou do cidadão influente, sendo descrito como alguém belo, bom, inteligente, nobre e poderoso.

A questão da vantagem também é um tanto diferente na Grécia antiga. Na *República 1*, Sócrates faz um de seus personagens, Polemarco, usar as palavras do poeta Simônides para descrever a visão tradicional da justiça definida como fazer bem aos amigos e mal aos inimigos. Trata-se de um tipo de paroquialismo ou tribalismo que aceita a variação da conduta correta de acordo com o status que se atribui a um indivíduo ou grupo. Se alguém é considerado um amigo, certas regras de conduta se aplicam a ele; se for inimigo, as regras são diferentes. Sócrates questiona essa posição a partir do fato óbvio, ainda que perturbador, de que, muitas vezes, temos amigos que não são boas pessoas e inimigos que o são. Provavelmente não é preciso dizer, mas essa variação de tratamento moral perpassa, ainda hoje, vários aspectos das nossas vidas. Desde o âmbito político, em que cidadãos têm mais direitos que imigrantes, até o individual, em que gastamos

fortunas para privilegiar os nossos filhos sem parar para
considerar as necessidades de outras crianças.

Em suma, temos uma união entre belo e bom que, segundo Sócrates, é mais forte do que deveria, e uma separação entre merecido-para-mim-e-os-meus e mereci-
do-para-o-outro, que, ainda segundo ele, também é mais
forte do que deveria. O que ele propõe, como fica claro na
discussão com Alcibíades, é que devemos reduzir belo e
vantajoso ao sentido absoluto de bom.

Convém mudar de perspectiva
[115b-116b]

Alcibíades concordara com Sócrates, o justo é sempre
belo. Porém, ele também defende que algumas coisas belas são ruins. Se notasse que "belo", aqui, não se referis-
se à aparência, o jovem constataria que é o "bom" que
está em questão. O que traria à tona a inconsistência de
sua posição de que algo bom é ruim [116a]. Em vez de
simplesmente repreender o jovem, Sócrates oferece um
exemplo que ajudará a esclarecer o pensamento de Alcibíades para ele próprio. Sócrates pergunta se ele está
pensando em um caso como socorrer um amigo ferido na
guerra, que seria belo e ruim: belo porque se faz o que se
deve fazer, mas ruim porque pode gerar ferimentos ou até
mesmo a morte de quem socorre. O exemplo remete ao
episódio em que Sócrates teria socorrido Alcibíades durante uma batalha, conforme anteriormente referido em
sua breve biografia.

Também é preciso notar que, nesse caso em particular,
estamos diante de uma escolha entre o bem coletivo e o
bem individual. Nos termos postos, podemos estabelecer
como uma escolha entre a perspectiva de primeira pessoa
(não quero me ferir) e a perspectiva de terceira (o dever de
cada um é socorrer os companheiros). Vimos que, para

Sócrates, não deveria haver uma separação entre essas perspectivas. Na verdade, em vista de sua solução em tratar a questão de maneira absoluta, as perspectivas serão abandonadas. Para mostrar isso, ele se vale de uma estratégia tão comum quanto eficiente, que aparece em várias tradições morais antigas e religiosas. Para transformar a primeira pessoa em terceira, basta transformar o agente da ação em paciente. Ou seja, estamos diante da chamada "regra de ouro" ou preceito moral que aconselha "fazer aos outros o você quer que eles façam com você". Assim, Sócrates pergunta para Alcibíades o que ele prefere receber, algo bom ou ruim [115c]. Se aplicarmos ao caso em questão, a pergunta seria: se você for a pessoa ferida, vai querer ser ajudado ou não?

Dessa maneira, Sócrates expõe uma incoerência interna em Alcibíades, que, ao oscilar entre respostas, parece contradizer a si mesmo. Convém fazer algo para harmonizar as suas crenças. O modo socrático de solucionar esse conflito é reduzindo belo e vantajoso a bom absoluto. Com o adendo de que eles concordaram que "melhor" (o comparativo de bom) no campo das decisões políticas depende do âmbito do justo [116c]. Assim, uma bela ação não é a ação esteticamente agradável que gere fama ou vantagem para um dos lados, mas, antes, uma ação boa/justa [116a-d].

O resultado, no âmbito do autoconhecimento, é que um agente que segue a proposta de Sócrates nunca experienciará esse tipo de dúvida interna tão comum: devo fazer uma ação que será vantajosa para mim, ainda que ela seja claramente errada do ponto de vista moral? Para Sócrates, um tal agente se remói diante de um falso dilema. A ação imoral tem apenas aparência de ser vantajosa; a longo prazo, ela revelará sua natureza, e o agente vai acabar se arrependendo. Isso porque, no âmbito da ética das virtudes, cada ação ruim nutre uma disposição de agir de maneira ruim; assim, tal agente acabará se perdendo. Desse modo, Sócrates dilui a distinção entre meios e fins. Uma vez que é agindo bem que uma pessoa se torna boa, não haveria ocasião em que uma ação ruim seja justificada em vista de um benefício final. Portanto, a escolha bela e vantajosa é sempre a ação mais justa. O que, é claro, não significa que distinguir a ação justa seja tarefa fácil. Afinal, acabamos de ver como é preciso refletir cuidadosamente sobre o que é justo para chegar-se a uma versão mais refinada do que ela consiste.

A felicidade aparece pela primeira vez
[116b-116d]

Sócrates, então, apresentará a conclusão de que quem age bem, no sentido que acabamos de definir, é que será feliz. Estamos, portanto, diante de uma ética das virtudes eudaimonista. Além de "felicidade", outros candidatos para traduzir *eudaimonia* são "bem-estar", "boa vida" e até "florescimento". Esse campo semântico mais amplo ajuda a entender a diferença de escopo do termo grego em relação ao nosso uso. Para nós, felicidade tende a ser tratada como um estado interno incorrigível. Estado interno porque pertence à mente de cada um, e incorrigível porque possui um valor de verdade totalmente subjetivo — ou seja, para ser verdade que alguém esteja feliz, basta que essa pessoa se sinta feliz. Entre os filósofos gregos, os hedonistas teriam uma concepção mais próxima a essa. Afinal, eles reduzem felicidade ao prazer e, no caso de prazer ou alegria, sentir prazer ou estar alegre implica já a realização do estado de prazer ou alegria. Uma tal posição concorda que as condições para a felicidade estejam nos candidatos defendidos pelo senso comum como riqueza, beleza, poder e fama — desde que estes possibilitem acesso aos prazeres.

No entanto, de um ponto de vista mais examinado, fica mais difícil defender essa posição. No *Górgias*, Sócrates, ao discutir com Cálicles, um hedonista, apresenta um contraexemplo. Se o hedonismo fosse verdadeiro, teríamos de classificar como feliz o homem que passa a vida coçando uma coceira, já que ele estará sentindo prazer ao satisfazer os seus desejos. Nossa tendência a negar que essa seja uma vida feliz mostraria que, no fundo, nem mesmo os hedonistas defendem uma concepção subjetivista de felicidade como estado incorrigível.[17] A felicidade, portanto, mereceria ser tratada de maneira mais objetiva. Existem condições de felicidade que são independentes do estado subjetivo do agente. Se um viciado em coceira ou drogas declara estar feliz, ainda assim seria pertinente questionar essa afirmação.

Em geral, as éticas gregas antigas defendem que, para ser feliz, é preciso realizar a sua natureza, e que a natureza humana tem como função específica o conhecimento. Assim, em diferentes graus, temos o desenvolvimento intelectual como critério principal para a felicidade (que aqui tem o sentido mais próximo a florescimento). Sócrates é um exemplo extremo dessa tendência. Muitas vezes, ele parece apresentar o conhecimento como critério necessário e suficiente para a felicidade. Por exemplo, quando, na *Apologia* [41d], ele diz que não se consegue fazer mal a uma pessoa boa. Essa posição também é difícil de defender. Em outros momentos, como em *Eutidemo* [281d], encontramos um Sócrates mais moderado a defender que o conhecimento é necessário para a felicidade justamente porque sem ele os outros candidatos a condições de felicidade, como riqueza, beleza, honra, fama, não trazem felicidade. Estes seriam bens dependentes, pois só fariam bem a quem os possui se acompanhados do conhecimento. O argumento seria: quem não sabe uma coisa tem grandes chances de estar errado sobre ela. Quem não sabe o que é felicidade tem grandes chances de estar errado sobre o que traz felicidade. Quem está errado sobre o que traz felicidade vai desejar coisas que não trazem felicidade. Portanto, satisfazer os desejos de quem não tem conhecimento não vai trazer felicidade. Pelo contrário, para as pessoas que estão erradas sobre o que é bom, dar-lhes os meios para satisfazer seus desejos vai apenas maximizar o seu mal.

No caso de Alcibíades, diferentemente da maioria dos gregos, ele não acha que beleza, nobreza e riqueza lhe trarão felicidade (ele tem tudo isso em excesso!). Para ele, a felicidade está atrelada à fama e à honra eternas. Trata-se de uma concepção mais próxima ao ideal do herói grego exemplificado na *Ilíada*. Aquiles, por exemplo, prefere morrer jovem para ganhar fama eterna a abandonar a guerra e viver uma vida longa e normal (com a ressalva de que na *Odisseia* encontramos o espírito de Aquiles arrependido no Hades afirmando que preferiria voltar para viver a pior das vidas a passar a eternidade ali). Sócrates, no entanto, tenta mostrar que Alcibíades, ainda que esteja certo em desdenhar os desejos do senso comum, erra ao canalizar sua ambição em vista do ideal heroico. Segundo ele, a felicidade está atrelada à justiça, e esta, ao conhecimento do que é bom (justo, vantajoso e belo). Se quisermos seguir brincando de dominó com adjetivos, poderíamos denominar essa uma ética das virtudes eudaimonistas intelectualistas.

O segundo choque de perplexidade de Alcibíades
[116d-117d]

"Sócrates, eu mesmo já não sei mais nada do que digo. Sinceramente, é provável que eu esteja fora de centro, pois, ao te responder, ora opino isso, ora aquilo." Com essas palavras, Alcibíades se junta ao coro de interlocutores dos diálogos socráticos que perdem a propriocepção durante conversas com Sócrates. No *Mênon* [80ab], o filósofo chega a ser comparado com uma espécie de arraia-elétrica que paralisa suas vítimas através de um choque. No entanto, o choque aqui vem do poder das palavras. Ao dar respostas que o obrigam a seguir as implicações do que afirma, Alcibíades percebe que, em diferentes momentos, oferece respostas contraditórias entre si.

A maneira como Sócrates conduz a discussão é tão perspicaz quanto cruel. Através de perguntas simples como "quantos olhos você tem", ele comprova que, quando a pessoa sabe algo, não oscila nas respostas. Uma vez estabelecida a oscilação como sinal de ignorância, Alcibíades é obrigado a admitir que esse seria seu estado em relação às questões que tocam o belo, o bom e o justo. Nesse ponto, o leitor chega a sentir que levar um jovem orgulhoso como Alcibíades a admitir ignorância sobre os assuntos que lhe são mais caros seria o ápice da performance de Sócrates. No entanto, mais algumas linhas revelam que se tratava de uma mera preparação para o verdadeiro choque.

Sócrates pergunta como é que se faz para voar. Diante desse tipo de pergunta, Alcibíades tampouco oferecerá respostas oscilantes. O motivo, entretanto, é oposto. A assertividade agora advém da certeza da ignorância. É claro que Alcibíades não sabe voar. A conclusão ensejada é que a ignorância também não gera oscilação. Donde se segue um terceiro candidato para dar conta da condição de quem oscila nas respostas: aquele que não sabe, mas acha que sabe. A oscilação seria, portanto, sintoma de uma ignorância de segunda ordem, quer dizer, a condição de um agente que ignora ser ignorante e, por conseguinte, acredita que conhece o que não conhece.

Possuir conhecimento ou ignorância de segunda ordem advém da capacidade preponderantemente humana de refletir e formar crenças ou opiniões acerca dos próprios estados internos como crenças, opiniões, desejos, disposições, entre outros. Uma tal capacidade é essencial para o

autoconhecimento, pois é o que nos permite refletir criticamente sobre nós mesmos. Uma formiga sempre salva outra
formiga do seu formigueiro, mas, provavelmente, ela não
sabe que deseja salvá-la e, assim, tampouco pode refletir
se realmente deve desejar salvá-la ou se deve salvar também formigas de outros formigueiros mesmo sem sentir
esse desejo. Alcibíades, por sua vez, admite que lhe parece
mais vantajoso fugir e retornar a salvo para o lar e, ao
mesmo tempo, acha que o belo é se arriscar para socorrer
os aliados na guerra. Esse tipo de oscilação revela uma falta de conhecimento que, no campo do autoconhecimento,
se traduz em um desacordo entre quem ele é (mesquinho) e
quem ele quer ser (o seu ideal heroico). Em outras palavras,
segundo as suas ambições, ele deseja ter desejos nobres,
porém, ao agir, obedece aos desejos que afirma desprezar.
Um caso análogo seria o daquela série de TV que nós afir-
mamos ser boba, mas não conseguimos parar de assistir.
Ao expor esse tipo de conflito interno, Sócrates espera provar que o conhecimento do que é bom — e o conhecimento
de si que será objeto da segunda parte do diálogo — são
incontornáveis para Alcibíades alcançar o que ele aspira.

Infeliz é quem acha que sabe
[117d-118b]

Após diagnosticar Alcibíades, Sócrates se propõe a explicar os motivos pelos quais a condição de ignorar a
própria ignorância é o estado mais prejudicial para um
agente. Ele, mais uma vez, recorre a analogias com outras
técnicas, como navegação ou culinária. Imaginemos uma
situação em que Alcibíades está em um navio como pas-
sageiro e uma tempestade se anuncia. Diante da ameaça,
o comandante determina o que cada um deve fazer para
que eles sobrevivam à intempérie.

Cenário 1: Alcibíades sabe o que deve ser feito, e o comandante sabe o que deve ser feito. Portanto, ambos concordarão sobre o que fazer, e as chances de sobrevivência são grandes.

Cenário 2: Alcibíades não sabe o que deve ser feito, e o comandante sabe o que deve ser feito. Uma vez que Alcibíades está ciente de ser ignorante no assunto, ele simplesmente seguirá o comandante. As chances de sobrevivência serão as mesmas do cenário 1.

Cenário 3: Alcibíades não sabe o que deve ser feito, mas acha que sabe. O comandante sabe o que deve ser feito. Se Alcibíades discordar do comandante, as chances de sobrevivência diminuem significativamente.

Nessa passagem, encontramos um elogio ao especialista e, principalmente, à especialidade — o campo do conhecimento que contém as determinações de como agir corretamente a fim de alcançar o resultado ideal. No entanto, convém ampliar o contexto para guiar uma interpretação mais cuidadosa da passagem.

Sócrates defende que a admissão da ignorância é o primeiro passo para a busca do conhecimento. Consistentemente, ele acha que ignorar aquilo que ignoramos ou acreditar que sabemos algo que não sabemos é o pior estado epistêmico em que um agente pode estar. É ruim para si, pois ele tomará decisões erradas e nem sequer desconfiará do problema devido à convicção de estar certo; e é ruim para a comunidade, pois todos sofrerão as consequências, diretas ou não, dessas decisões equivocadas. No caso de o indivíduo e a comunidade estarem errados sem desconfiar, os resultados serão ainda piores, pois um tal comportamento reforça uma certeza coletiva que carece de fundamento. Daí a necessidade de ir além do que se aprende com a comunidade e examinar os preceitos da moralidade de senso comum que nos guiam.

Os especialistas são agentes humanos, e os campos do

conhecimento são construtos humanos. Como tais, eles
não fogem dessa condição. Em vários diálogos, Sócrates
se propõe a fazer perguntas a especialistas a fim de mostrar que mesmo eles não sabem o que acham que sabem.
Por exemplo, no *Laques* [190e e seq.], ao investigar o que
é a coragem, o filósofo vai ter com um general. O especialista define coragem como não recuar jamais. Sócrates, no
entanto, faz a ressalva de que, por vezes, é preciso recuar
a fim de atrair o inimigo e contra-atacar. O general concorda e, oscilando, discorda de si mesmo. Seu estado seria similar ao dos líderes políticos de Atenas, que faziam
assembleias para decidir sobre ações baseadas na justiça
sem saber o que é justiça.

O reconhecimento dessas dificuldades abre caminho
para a busca por conhecimento, bem como a falibilidade
do conhecimento humano requer que esse tipo de busca
por problemas seja desenvolvido através de um processo
constante de autoexame. Até mesmo no caso de especialistas convém sempre submeter suas opiniões ao escrutínio de
um processo racional e cooperativo que busque por incon-
sistências como o *elenchos*. Assim, as técnicas, artes, espe-
cialidades, ou os campos do conhecimento, funcionariam
como aglomerados de investigações teóricas e práticas que
aumentam as chances de alcançar bons resultados. Como
tais, serviriam de guia mais robusto do que os indivíduos,
ainda que precisem ser submetidas a exames cuidadosos a
fim de existir em constante melhoramento.

Quem sabe, ensina
[118b-119b]

Sócrates estabelece mais uma evidência de que alguém conhece um assunto. Tal como o letrado consegue ensinar
gramática para os iletrados, quem conhece os assuntos de
justiça deve ser capaz de ensinar os outros. Os primeiros

candidatos a especialista nesse âmbito seriam os filósofos, incluindo os sofistas, oradores e retores (nas divisões de hoje, teríamos os campos do conhecimento da ética, da ciência política e/ou da teoria do direito).

Durante o auge da democracia ateniense, a cidade virou o epicentro (ou umbigo, como diriam os gregos) científico e cultural do mundo grego e das redondezas. Como tal, a cidade atraía todo tipo de profissionais, incluindo artistas, filósofos, matemáticos e cientistas. É bem verdade que esses ofícios e seus praticantes não eram tão especializados como hoje. Um ateniense poderia encontrar um filósofo a cantar suas teses em versos, ou um cientista utilizando métodos filosóficos, matemáticos, místicos, entre outras sortes de mistura.

Foi durante esse período que Péricles, célebre general ateniense e guardião de Alcibíades, dominou a política ateniense e, por conseguinte, a Liga de Delos, o grupo de cidades-Estado encabeçado por Atenas. Outras fontes confirmam o testemunho encontrado no *Alcibíades 1* de que Péricles se cercava de todo tipo de intelectuais, principalmente sofistas. Esses intelectuais possuíam uma vasta influência. Protágoras, por exemplo, escreveu a Constituição da colônia grega de Turi. Essa influência, inclusive, torna-se um dos fatores para que — com o fracasso de Atenas e Péricles na Guerra do Peloponeso — eles fossem perseguidos pela opinião pública. Anaxágoras chegou a ser condenado à morte.

A relação entre Sócrates e os sofistas é ambígua. Sócrates recusa o papel de professor e de detentor do conhecimento. Ainda assim, ele acha que a sua vida examinada serve de exemplo e que a sua atuação com os jovens e na cidade é benéfica, ainda que ambas tenham levado a sua condenação à morte [*Apologia* 36c].[18] Ademais, Aristófanes escolhera Sócrates como o protagonista de sua comédia *As nuvens*, que o retrata qual um sofista a ensinar os jovens a fazer o argumento mais fraco vencer o mais forte. Por outro lado, nos diálogos de Platão, como no *Górgias* [459e], Sócrates critica os sofistas por estes ensinarem estratégias argumentativas para que os jovens vençam os debates na assembleia sem a preocupação de transformá-los em agentes justos. Segundo ele, quem se propusesse a ensinar alguma habilidade instrumental deveria ser capaz de ensinar também o seu uso responsável. Filósofos não deveriam formar alunos que percorram o mundo como demagogos incitando aqueles não versados na técnica argumentativa através de argumentos persuasivos porém inválidos.

De qualquer maneira, Sócrates utiliza a capacidade de ensinar como critério de conhecimento para examinar o caso de Péricles. As evidências não favorecem o general. O fato é que seus filhos se tornaram pessoas fúteis (*elithios*, em grego). Já Clínias, irmão de Alcibíades que também estava sob a guarda de Péricles, é descrito como um louco. Logo, parece que o político não conseguira ensinar ninguém acerca das questões sobre o que é justo. E como é que alguém que nem sequer se dá conta de não possuir esse conhecimento seria capaz de decidir o destino da cidade-Estado? (Aqui, um breve argumento ad hominem precisa ser colocado contra Sócrates. Segundo a tradição, tampouco seus filhos se tornaram pessoas excelentes. Alcibíades seria outro fracasso. No entanto, se foi mesmo o contato com Sócrates que formou Platão, temos um exemplo inegável de sucesso pedagógico, isso sem mencionar outras escolas socráticas que se seguiram.)

O perigo de medir-se em vista dos concorrentes
[119b-120b]

Segundo Sócrates, Alcibíades ainda balbucia. Essa declaração marca uma mudança na atitude do filósofo para com o rapaz. Vemos um Sócrates mais direto do que de costume em suas críticas. Talvez encontremos uma razão para isso no *Teeteto* [149d], em que o filósofo identifica a sua atividade pedagógica com a profissão de sua mãe, que era uma parteira. Entre os diversos talentos compartilhados por ambos, encontra-se a capacidade de identificar a melhor maneira de ajudar aprendizes ou grávidas em cada ocasião. Ora será preciso confortá-los, ora pressioná-los, a fim de extrair o melhor de cada um. Ao que tudo indica, o otimismo da etapa do conforto ficou para trás. Sócrates chega a declarar sentir vergonha de admirar Alcibíades. Mas o que teria provocado essa mudança?

A discussão começa com uma crítica à formação dos líderes políticos atenienses. Estes atuariam na política com base no achismo, uma vez que, tal qual Alcibíades, nunca foram educados sobre as questões do justo, do belo e do bom. Alcibíades concorda e, mais importante, fica aliviado. Segundo ele, dado que seus concorrentes são incompetentes, ele não precisaria se esforçar para aprender assuntos tão difíceis a fim de vencê-los. Eis a situação; ambos concordam sobre os fatos. Os políticos atenienses carecem de formação. No entanto, a reação dos dois diante de tal constatação difere bastante. Segundo Sócrates, Alcibíades e os outros devem se preparar melhor, ao passo que o jovem fica contente com a mediocridade alheia, pois assim poderá vencê-los sem precisar se preparar.

O que vemos encenado aqui é uma disputa entre uma abordagem pragmática defendida por Alcibíades e uma abordagem das virtudes defendida por Sócrates. A abordagem das virtudes consiste em considerar um assunto em questão como importante em si mesmo. Emulemos a estratégia socrática de partir de uma analogia banal: quem adota uma abordagem das virtudes em relação à sinuca se ocupará de realizar a arte da sinuca da melhor maneira possível, independentemente de fatores externos como premiação, vitória e fama. Isso contrasta com uma abordagem pragmática em que um jogador de sinu-

ca meça o seu sucesso baseado meramente no alcance do
resultado (nesse caso, a vitória). Para ele, toda vitória tem
o mesmo sabor, aconteça ela por sorte, por trapaça, por
achar uma falha nas regras, pela mediocridade dos opo-
nentes, ou por qualquer coisa do gênero. Por outro lado,
um jogador de sinuca que adote uma postura das virtudes
pode, em um caso extremo, sair realizado ao perder uma
competição ou ficar insatisfeito com uma vitória obtida
por sorte. Isso porque seu critério de sucesso intrínseco
consiste em realizar com excelência as atividades que con-
cernem à arte da sinuca.

A distinção é importante pois, ao que parece, alguns
tipos específicos de realizações não podem se dar a partir
de uma postura exclusivamente pragmática. Consideremos o caso da amizade. Um amigo que é amigo apenas
em vista dos resultados benéficos que receberá da amizade não está sendo, de fato, um amigo. Não é difícil concordar que o mesmo se aplica ao caso da justiça. Quem é
justo apenas para usufruir dos benefícios de ter uma boa
reputação na comunidade não terá incentivos para ser
justo, mas apenas para parecer justo. Se for esse o caso,
o erro teórico de se adotar o pragmatismo acaba sendo
questionável até mesmo do ponto de vista pragmatista, já
que adotar uma postura pragmatista impede o agente de
alcançar o resultado que almeja. Alcibíades, ao se importar apenas em vencer os adversários medíocres, demonstra que ainda não captou essas nuanças.

INTERLÚDIO: O AUTOENGANO DA AMBIÇÃO

Este Interlúdio deve ser lido à luz do Prelúdio, que foi aqui
intitulado "O potencial da ambição". Vimos que o diálogo
começa com um elogio de Sócrates a Alcibíades, que atri-
buímos ao desprezo do jovem pelos seus bens e à sua ambição de se tornar o melhor, no sentido de mais poderoso,

dos humanos. Durante o percurso que ocupa a primeira metade do diálogo, Sócrates tenta mostrar que Alcibíades deve refletir sobre a sua ambição a fim de ver que ela deveria ser, na verdade, uma aspiração voltada para o objetivo de conhecer as questões de justiça. No entanto, a última passagem deixou claro que o projeto não está funcionando. Sócrates, então, começa uma segunda tentativa com uma estratégia diametralmente oposta.

Multiculturalismo e feminismo em Sócrates
[120b-124b]

Em uma concepção da ética das virtudes, um agente deve cuidar para adquirir as disposições e habilidades necessárias para agir da melhor maneira possível em cada situação que se lhe apresentar. Para tanto, é preciso vislumbrar como agir a fim de adquirir as habilidades para, quando necessário, as colocar em prática. A opção mais utilizada entre os teóricos das virtudes é a do exemplo que consiste em avaliar a sua conduta em vista daquela de um agente excelente.

No *Alcibíades I*, entretanto, Sócrates adota uma estratégia menos direta. Antes de recorrer a um exemplo de alguém hábil no campo de conhecimento que Alcibíades quer aprender, o filósofo aconselha o jovem a se medir em vista de seus competidores. Uma razão para isso é que, desse modo, Sócrates parte do ponto de vista pragmatista que fora adotado pelo próprio Alcibíades. No entanto, em vez de apresentar competidores inaptos como os outros jovens atenienses, o filósofo recorre a exemplos mais célebres, como o grande rei persa e a nobreza espartana, ambos apresentados de uma maneira um tanto idealizada. Ademais, Sócrates opta pelo tipo de discurso longo que evitara no início do diálogo e ao qual Alcibíades estava acostumado [106b]. Combinando, assim, um estilo e um

ponto de vista familiares ao jovem, ele espera causar o
efeito almejado mas não alcançado na primeira parte do
diálogo.

Em sua longa fala, Sócrates elogia espartanos e persas enquanto realiza uma comparação desfavorável com
os atenienses. Esse multiculturalismo não era a regra entre os gregos antigos, vide a supracitada concepção pa-
roquialista de justiça [115a-115b]. Há quem tenha usado
o trecho, inclusive, para questionar a autenticidade do
diálogo. No entanto, isso não parece tão problemático se
pensarmos nos historiadores. Heródoto, Tucídides e Xenofonte na *Ciropédia* apresentam outros povos de maneira favorável com o intuito de gerar alguma autocrítica nos
cidadãos atenienses. Essa era necessária diante da atuação imperialista implacável de Atenas que culminou na
Guerra do Peloponeso.[19]

A crítica de Sócrates começa, mais uma vez, tratando
de bens como nobreza, riqueza, mas também capacidades
adquiridas por treinamento físico e educação intelectual.
Os atenienses, nesses quesitos, teriam uma condição risível em comparação aos espartanos. Estes, por sua vez, se
se atrevessem a ostentar, provocariam risos nos persas.
Ao elogiar a educação persa, ele compara o valor confe-
rido à formação de seus líderes com o descaso que ocorreria em Atenas. No caso dos persas, segundo o relato,
o futuro príncipe recebia quatro tutores que seriam os
melhores da comunidade em cada assunto, isto é: o mais
sábio, o mais justo, o mais sensato e o mais corajoso. Em
outras palavras, temos quatro virtudes cardinais contempladas. O mais justo ensina o futuro rei a ser honesto ou
verdadeiro (*aletheia*) durante toda a vida. O mais sensato
o ensina a não ser dominado por nenhum dos prazeres,
a fim de que se acostume a ser livre. Esse é um tema recorrente em Sócrates, segundo o qual a liberdade não é
definida como poder fazer o que quiser, mas, antes, como
a capacidade de dominar os seus desejos. Um tratamento

mais demorado dessa questão aparecerá ao fim da chamada Parte II do diálogo.

Outro aspecto proeminente desse interlúdio multicultural é a importância conferida às mulheres. São as rainhas persa e espartana que identificariam a falta de bom senso de Alcibíades em pensar que ele poderia fazer frente aos reis persa ou espartano.[20] A única possibilidade pela qual um ateniense poderia fazer frente aos persas, segundo a sua rainha, seria através do cuidado e da sabedoria. Estes seriam valores pelos quais os gregos eram reconhecidos, pontos que serão centrais para o projeto de formação de Alcibíades sugerido por Sócrates na sequência. Outra vez, não estamos diante de um caso único em que Sócrates endossa posições que ele teria ouvido de mulheres. O caso mais célebre — e mais desenvolvido — é o da concepção do amor no *Banquete*, que ele declara ter aprendido com Diotima.

Sócrates conclui a sua longa fala [124a] anunciando o tema vindouro do autoconhecimento: "E não te parece vergonhoso que as mulheres dos inimigos tenham melhor noção do que nós mesmos sobre o que precisamos ter a fim de atentar contra eles? Afortunado amigo, obedecendo a mim e ao ditado em Delfos, conhece-te a ti mesmo!".

PARTE II

CONHECER A SI: A RAZÃO

Há quem aponte certa falta de continuidade entre as duas partes do *Alcibíades I* como evidência de que o diálogo não tenha sido escrito por Platão. No entanto, é um procedimento característico de Sócrates nos diálogos platônicos fazer duas navegações quando o resultado da primeira tentativa não é satisfatório. Um exemplo são os dois discursos sobre o amor no *Fedro*. Ademais, vimos que as duas partes apresentam uma postura oposta, mas

que combina com a pedagogia que Sócrates defende no
Teeteto. O tom mais crítico substituiu o condescenden-
te. Por fim, temos também uma continuidade de assunto. O conhecimento de si se apresenta como um objetivo
anterior ao conhecimento do que é justo, pois, contra as
expectativas de Sócrates, Alcibíades mostrou que ainda
precisa conhecer os desejos que deveria desejar para, só
então, buscá-los.

Um critério racional de excelência
[124b-125e]

Sócrates recusa o papel de detentor de um conhecimento estabelecido quando deixa claro para Alcibíades que,
independentemente de qual seja o exercício que o jovem
precisa realizar, o filósofo também precisará. Algumas
linhas adiante, Sócrates ainda repete a posição segundo
a qual Alcibíades só desenvolverá seu potencial se man-
tiver o contato com Sócrates. Em uma primeira leitura,
essas afirmações parecem problemáticas. Mais uma vez,
se lermos o papel de Sócrates como um guia que aprende
ao guiar, em oposição a um mestre que transmite conhecimento, podemos aceitar ambas as afirmações. Essa postura combina com vários preceitos da filosofia socrática,
como a negação da posse do conhecimento e a prescrição da busca pelo conhecimento que constitui a boa vida
através de um exercício permanente.

Conhecimento, portanto, não significa absorver uma
informação, retê-la e recorrer a ela sempre que for necessário tomar uma decisão. Esse tipo de conhecimento infalível,
Sócrates atribui somente aos deuses. Na *Apologia* [20d],
ele distingue entre conhecimento divino e humano, antes
de admitir possuir, no máximo, o último, cuja falibilidade
demanda que haja um processo recorrente de navegações
acerca de um mesmo assunto. Uma maneira plausível de

entender essa postura é aquela que distingue o conhecimento e a opinião verdadeira.[21] Um desenvolvimento dessa posição é usar a noção ainda mais fraca de crença confiável. O conhecimento tem por resultado a verdade que, por definição, é uma só e imutável. Ela existe, e os humanos devem tentar alcançá-la ao satisfazer as condições de conhecimento [109b-109d]. No entanto, devido às nossas limitações, o melhor que podemos fazer é submeter nossas opiniões, várias vezes, a processos racionais de verificação. Através desse processo, adquirimos opiniões e crenças confiáveis, que podem se aproximar, mas permanecem sempre aquém da verdade. Sócrates, nessa leitura, praticaria o que hoje chamamos de uma epistemologia confiabilista, ainda que, em teoria, postule a existência de verdade que fornece o objetivo fixo a ser alcançado. Talvez uma boa analogia para entender a postura seja a navegação astronômica em que miramos as estrelas, mas com o objetivo, bem mais modesto, de chegar de maneira segura em um ponto adiante aqui na Terra mesmo.

O interlúdio comparativo com os líderes espartanos e persas parece ter funcionado. Alcibíades engole a sua arrogância e reconhece que precisa melhorar. Outro sinal promissor para a nova estratégia é que eles concordam que o desejo-guia da investigação deve ser tornar-se excelente, em oposição a simplesmente vencer, adquirir fama ou bens [124e]. No entanto, Alcibíades ainda não parece convencido de que é Sócrates quem fornecerá o que ele precisa. O filósofo, então, necessita provar que ele — como um guia/companheiro no exercício de conhecer a si mesmo — é, sim, aquilo de que Alcibíades precisa.

O que a dupla procura é a excelência que promove os feitos dos seres humanos excelentes. Mais uma vez, Sócrates vai se utilizar da analogia com as técnicas para encontrar quais são o campo e o objeto do conhecimento necessários. Porém, apesar de repetir o tema, há uma mudança sutil. Sócrates mostra que devemos aprender com quem

possui a técnica a fim de nos tornarmos excelentes nela.
Para adquirir a arte da navegação, é preciso observar e
aprender com o capitão. Dessa forma, ele encoraja uma
mudança. Não é mais a busca pela excelência a partir da
comparação competitiva com os adversários, como posto
anteriormente no interlúdio, mas, antes, a partir da busca
de praticantes modelares da arte que almejam aprender.
No *Protágoras* [326a], Sócrates aconselha que os jovens
aprendam sobre as façanhas dos antigos heróis como estímulo para imitá-los. A esperança não é que cada jovem
realize essa figura idealizada, mas apenas que tal figura
aponte o caminho para alguma melhoria. Eis, portanto,
registro exemplar da ética das virtudes.[22]

Alcibíades oferece como figuras exemplares na arte
que ele almeja dominar os *kaloi k'agathoi* (os belos e
bons), expressão grega utilizada para se referir aos cidadãos influentes. Sócrates, para mostrar que o jovem ainda
está preso a distinções não relevantes, apresenta um critério mais objetivo: eles buscam seres humanos intelectualmente capacitados com relação à área em questão.

A ciência da tomada de decisão
[125e-126c]

Na sequência, Sócrates pede que Alcibíades descreva qual
é a arte na qual ele quer se tornar excelente. Ele a define
como o poder de comandar cidades. Após mais alguns
pedidos de detalhamento, chega à seguinte versão: comandar os seres humanos que se associam entre si e se
servem uns dos outros, como quando se vive nas cidades.
Além disso, a ciência que legitima um tal poder seria a
tomada de decisões.

Segue-se, mais uma vez, o esforço de determinar melhor os conceitos que estão em jogo. Se pensarmos no diálogo como um processo de aquisição da disposição para

uma postura de investigador diante do mundo, essa repetição de procedimento imbuiria o hábito no aprendiz. Boas decisões, diz Sócrates, além de não hesitantes, são aquelas tomadas em vista de salvaguardar os envolvidos, tal como um capitão deve agir em prol da tripulação de sua nau. Esse é o mesmo ponto que encontramos na *República 1* [345c], em que o bom governante é comparado ao bom pastor, que não é aquele que engorda a si mesmo, mas aquele que age em benefício do rebanho. No caso das ambições políticas de Alcibíades, as boas decisões devem ser tomadas em benefício da cidade e dos cidadãos. Para tanto, o que seria preciso promover?

Amor, concórdia e conhecimento
na cidade harmoniosa
[126c-127b]

Alcibíades sugere que é preciso promover o amor entre os cidadãos e demover o ódio e a lateralidade. A lateralidade, ou a divisão em facções, ou polaridade, era vista como um dos grandes males para uma cidade-Estado grega devido à tendência de culminar em uma guerra civil. Ademais, o pior desfecho para uma guerra civil seria um dos grupos assumir o poder absoluto, em geral levando à tirania.

Sócrates pergunta se amor significa concórdia ou acordo, e, em vista da resposta positiva, extrai a implicação de que, para haver concórdia, é preciso haver conhecimento. Princípio esse que se aplicaria não somente ao nível político, em que é preciso partilhar do conhecimento para chegar a um acordo, como também ao nível privado e individual, em que é preciso que amigos e família partilhem de um conhecimento para concordar entre si. Em última instância, até mesmo o indivíduo precisa do conhecimento para concordar consigo mesmo. Por exemplo, juízes de um campeonato de skate dão notas parecidas e coerentes justamente porque compartilham de um conhecimento. Quem carece do conhecimento vai adotar uma postura errante, oscilando entre respostas a cada ocasião. Isso, como vimos, é para Sócrates sinal de ignorância.

Durante a defesa da necessidade de conhecimento comum para que haja acordo entre os cidadãos, Sócrates mostra a distinção entre artes femininas, como a costura, e masculinas, como a guerra. Em alguns pontos, parece haver uma propensão natural para cada gênero realizar um tipo de arte. No entanto, o qualificador de que uma mulher não concordará acerca da arte militar "sem ter aprendido" [127a] deixa claro que se trata de uma questão de formação. Uma mulher que for educada na arte militar poderá concordar com um general diante de uma questão de guerra, assim como um homem capaz de costurar poderá concordar com uma costureira. Isso está de acordo com o projeto de educação utópico apresentado na *República* v [454d], segundo o qual as mulheres também deveriam ser treinadas para ser guardiãs.

A relação amor-concórdia-conhecimento traz uma implicação política. Se o conhecimento é uma condição necessária para gerar o acordo entre os cidadãos, a educação será a base para a harmonia da cidade. Apesar disso, como vimos, Atenas não se preocupa com a educação, principalmente se comparada com os povos vizinhos. A falta de educação em alguns assuntos culminará na impossibilidade de amor e acordo — inclusive de um agente consigo mesmo —, como o caso de Alcibíades e a variação nas questões de justiça comprovam.

Convém ainda lembrar a postura intelectualmente humilde de Sócrates em relação à justificação de crenças, inclusive dos especialistas e dos campos do conhecimento. A disposição de busca do conhecimento não é mero acúmulo de um conjunto de crenças verdadeiras, mas, sim, a postura de reexaminá-las de maneira rigorosa sempre que possível. Não se trataria, portanto, de uma educação a suprir um conjunto de regras ou crenças comuns que levariam os cidadãos a um senso comum uníssono. Pelo contrário, em vista da importância das perguntas e respostas, e da busca por incoerências no processo de conhecimento, o que seria defendido é dotar cada cidadão com a virtude intelectual da disposição de buscar o conhecimento. Com esta, eles poderiam se engajar em discussões socráticas a fim de não apenas tomar decisões, mas de investigar as noções complexas que dão base a essas decisões, como justiça, benefício e beleza. Essa postura se encaixa na epistemologia e na pedagogia das virtudes que se encontra em pleno desenvolvimento atualmente.[23]

Fazer o que lhe cabe
[127b-128a]

Sócrates, em um movimento um tanto abrupto, apresenta a configuração de uma vida em sociedade segundo a qual cada um faz o que lhe cabe, ou o que lhe é próprio. Esse tema aparece frequentemente nos diálogos socráticos, e nem sempre é fácil coordená-los para alcançar um entendimento total.

Na *República* IV [434a], Sócrates define justiça como cada um fazer o que lhe cabe. No que concerne ao indivíduo, isso se refere a cada parte da alma realizando o seu papel. Assim, é a razão, e não os apetites, que deve tomar as decisões (porém essa concepção da alma dividida em partes é vista mais como platônica do que socrática). No *Cármides* [163c e seq.], cada um fazer o que lhe cabe é uma das definições oferecidas para prudência, sabedoria ou sensatez (*sōphrosune*). Ela é apresentada como a posição de Crítias, que, por sua vez, se refere a Hesíodo como sua fonte. Seguindo a série de pedidos de esclarecimentos por parte de Sócrates, eles a definem como fazer o que é bom para si e acabam equivalendo-a ao conhecimento de si mesmo. Por fim, o conhecimento de si é descrito como o conhecimento sobre os conhecimentos, pois a pessoa deve saber o que conhece e o que não conhece. Esses temas reaparecerão na sequência.

No *Alcibíades I*, cada um fazer o que lhe cabe aparece, primeiro, como um contraponto à sugestão de que a convivência harmônica acontece quando uns amam/concordam com os outros. Alcibíades, no entanto, também concorda que fazer o que lhe é próprio é agir de maneira justa e, ainda, que os cidadãos amam uns aos outros quando todos são justos. Desse modo, ele se pega, mais uma vez, oscilando entre respostas. Ora é o acordo/ conhecimento, ora é o fazer o seu/ justiça, que gera amor entre os cidadãos. O jovem, novamente perplexo, admite que já não sabe o que diz. Uma vez que a oscilação indica ignorância, uma coisa ele deve saber: há algo de errado com ele. Sócrates reage de maneira positiva ao desamparo do companheiro. Segundo o filósofo, a juventude é o período apropriado para reconhecer as nossas falhas, pois ainda há tempo de corrigi-las.

O método utilizado para tentar corrigir o estado de Alcibíades será o autoexame através de perguntas e respostas. Porém, nesse ponto, Sócrates já sinalizara um meio de resolver a questão. Segundo ele, para se amarem ou concordarem entre si, os cidadãos precisam partilhar algum conhecimento, em especial sobre questões de justiça. Por outro lado, parece ser necessário autoconhecimento para cada um fazer o que lhe cabe. Portanto, ao demonstrar a necessidade do conhecimento para ambas as configurações de uma cidade harmoniosa, Sócrates crê se tratar de um falso dilema. O autoconhecimento (tema da Parte II) seria necessário para os cidadãos compreenderem o que é justo (tema da Parte I) e entrarem em acordo acerca de seu papel na comunidade.

Cuidar de si mesmo não é cuidar dos seus pertences
[128a-129a]

Nessa passagem, a investigação abordará o segundo quesito preestabelecido para que Alcibíades possa disputar com qualquer rei de qualquer império; além do conhecimento, ele precisa se ocupar do cuidado de si. Sócrates logo chama atenção para um erro comum. É normal acharmos que cuidamos de nós mesmos quando, na verdade, estamos apenas cuidando do que é nosso. Isso vale no âmbito da cidade, no caso de líderes que cuidam da riqueza da cidade-Estado como se estivessem cuidando da cidade quando, na verdade, é perfeitamente possível que uma cidade seja rica e esteja em péssimas condições. O mesmo acontece com os indivíduos que se ocupam de acumular uma enormidade de bens enquanto negligenciam a si mesmos.

Sócrates desenvolve uma analogia com o cuidado dos nossos pés com o intuito de diferenciar o que cuida de algo (uma relação de primeiro grau) e o que cuida de algo que pertence a algo (uma relação de segundo grau). Sapatos protegem os nossos pés, logo, a arte da sapataria, ao criar algo que protege os nossos pés, acaba beneficiando os nossos pés. No entanto, essa proteção é secundária em comparação com a arte do treinamento físico que lida diretamente com os pés. De maneira similar, cuidar do que é nosso fica um nível mais afastado em relação ao cuidar de nós mesmos, com o risco complementar de que tendemos a achar que, ao cuidarmos das nossas posses, estamos cuidando de nós mesmos. A proeminência do cuidado de si em relação ao cuidado do que pertence a si pode ser provada em vista dos benefícios. Pululam exemplos de pessoas que foram corrompidas justamente pela busca desenfreada de posses e prazeres. Vimos na Parte I que, segundo Sócrates, essas posses, sem termos a sabedoria para usá-las, são incapazes de trazer felicidade. Por conseguinte, o filósofo conclui que deveríamos investir mais em melhorar a nós

mesmos do que em melhorar os nossos pertences, ainda
que, tanto no nível individual quanto no político, o que
vemos é uma corrida para melhoria dos pertences.

Uma alma se servindo do corpo
[129a-130d]

As distinções, no entanto, ainda não acabaram (talvez
nunca acabem!). É uma questão perene na reflexão filosófica aquela que indaga se somos o nosso corpo ou a nossa
alma (mente, fluxo de consciência e afins). Para definir
com quem devemos nos identificar, Sócrates começa pela
distinção entre quem se serve de alguma coisa e aquilo do
que se serve. Quando um sapateiro corta um pedaço de
tecido se servindo de uma tesoura, quem corta é ele ou a
tesoura? A nossa tendência é colocar a origem causal no
agente que decide praticar a ação.

O mesmo raciocínio é aplicado à divisão entre corpo e
alma. Uma vez que a origem das ações conscientes está na
alma, seria ela que se serve do corpo, e não o contrário.
As duas outras possibilidades são negadas. O corpo não
comandaria a alma, como no caso de um agente que sente
sede e pode muito bem decidir não beber [*Fédon* 94b].
E, se ele não comanda, tampouco faria sentido atribuir o
comando ao composto corpo-alma. Só faria sentido se referir ao composto se a capacidade de comandar emergisse
da união dos dois elementos (infelizmente, Sócrates não
contempla essa alternativa).[24]

Sócrates confirma que o argumento está aquém do
ideal e que se trata somente de um atalho [130d]. Um problema é que o corpo também comanda a alma, como no
caso do tirano hedonista que seria um servo dos seus desejos corpóreos. Portanto, falta uma justificativa de por
que é que o comando da alma é superior ao do corpo.
Além disso, há o problema de que a alma (ou a mente)

não é algo uníssono e coerente nos seus comandos. Trata-se de um ponto central para o diálogo, já que o leitor testemunha repetidamente a oscilação nas crenças, nos desejos e nos raciocínios de Alcibíades. Portanto, será necessário determinar algum modo de unificação dos conteúdos de uma alma antes de ela poder ser identificada como a origem legítima das ações do agente. Felizmente, isso será tratado no fim do diálogo, mas, nessa passagem, o problema começa a ser solucionado.

Quando questionado se um tal conhecimento de si constitui algo automático ou uma tarefa árdua, Alcibíades, mais uma vez, oscila; ora lhe parece fácil, ora difícil. O que está em jogo aqui parece ser a diferença entre autoconhecimento de primeira e de segunda ordem. O autoconhecimento de primeira ordem vem por introspecção e gera conclusões imediatas do tipo: eu sei que sinto frio nos pés, que tenho vontade de comer bacon ou de abandonar meus companheiros na guerra. Porém, diante da oscilação entre crenças e desejos conflitantes experienciados por Alcibíades — e por qualquer agente humano minimamente reflexivo —, torna-se necessário definir qual deles seguir. Se eu acho que não há problema em comer carne de porco e que devemos respeitar os direitos do meu animal de estimação, convém decidir qual desses estados internos inconsistentes deve prevalecer a fim de aumentar a minha harmonia interna. Caso contrário, ainda que eu siga minha alma, me comportarei de maneira inconsistente comigo mesmo. Para isso, é necessário recorrer ao autoconhecimento de segunda ordem. Este depende do esforço cognitivo de comparar como é que as nossas opiniões e desejos se relacionam uns com os outros e tentar alcançar um estado harmonioso. É através desse processo inferencial que poderemos atingir posições mais substanciais como: eu não sou o tipo de pessoa que abandona um amigo.

Ser, ter ou possuir
(130d-131c)

O diálogo que se serve de raciocínios é descrito como um meio de conectar uma alma com a outra. Em Platão, algumas vezes, o pensamento é descrito como uma conversa consigo mesmo. Nesse processo, seja na versão cooperativa, seja na individual, parte-se de um conjunto de estados opinativos para, através da busca por consistência, se alcançar um estado opinativo unitário.[25] Esse processo reduziria as oscilações provocadas pelas certezas irrefletidas. Sócrates, nessa leitura, de fato atua como um guia para o autoexame (ou uma autoconsciência externa) com a esperança de que, uma vez que o jovem adquira essa disposição, ele siga praticando tal comportamento por toda a vida.

Após a identificação da alma como objeto do conhecimento de si [130e], Sócrates sistematiza uma divisão em três níveis:

1) O que você é: nós somos a nossa alma, no sentido do sujeito que toma decisões conscientes.

2) O que você tem: nossa alma possui um corpo, que abarca todas as condições relativas a ele, como saúde, condição atlética, beleza, entre outras.

3) O que você possui: nossas posses são os bens que servem ao nosso corpo, como dinheiro, roupas, propriedades e similares.

Assim, as posses estão em uma relação de segunda ordem com o corpo (elas o protegem e adornam) e de terceira ordem com a alma (elas protegem o corpo do qual a alma se serve). O corpo está em uma relação de segunda ordem com o sujeito, uma vez que não é idêntico a ele. A alma está em relação de segunda ordem com o corpo e de terceira com as posses do corpo. Por fim, a alma está em relação de primeira ordem consigo mesma (ou com as outras almas com as quais dialoga racionalmente). Trata-se de uma relação de primeira ordem e não de uma identidade porque, como vimos, essa alma não é um todo harmonioso. A harmonia aumenta apenas após um esforço consciente.

Essas distinções têm o intuito de evitar o erro comum de identificação. Quem enriquece não trata de si nem do que é seu [131c], ainda que, em alguma medida, essas posses produzam prazer e serventia. Já as artes voltadas à saúde do corpo, como a medicina e a educação física, cuidam de algo que é nosso, mas não de nós. Esse cuidado também é importante, uma vez que requisitos como a saúde e o treinamento físico podem ajudar o sujeito a realizar os seus desejos. Desenvolvendo o exemplo de Sócrates, podemos supor que, para salvar um amigo na guerra, será útil ter uma boa armadura e um corpo saudável e atlético. Se for necessário para ambos se salvarem, eles não hesitarão em abandonar seus pertences (como canta Arquíloco em seu poema [25w]). No entanto, o ato mesmo de salvar o companheiro coloca em risco a integridade física do agente. Isso mostra que posses, saúde e capacidade atlética servem como meios, mas não devem ser vistas como fins. Aquele que pauta suas decisões baseado apenas na saúde e/ou na beleza do corpo está sendo escravo de algo que pertence ao sujeito, mas não é o sujeito.

No fim das contas, aquilo que escolhemos (conscientemente ou não) valorizar determinará o tipo da nossa vida. Na *República* IX [581bd], Platão caracteriza três tipos de vida em relação a três tipos de valores: o ama-prazeres, o ama-honras e o ama-conhecimento. Sua posição em relação a essas vidas seria a seguinte: o ganancioso é servo das posses; o hedonista, do corpo; o aspirante a sábio segue o comando da alma, mas, para tanto, precisa submeter suas crenças, desejos, emoções e outros estados ou eventos internos ao escrutínio da razão, de modo a

cessar a oscilação e descobrir e satisfazer o que realmente
lhe importa.

Apaixonar-se pela alma
[131c-132b]

Essa distinção é, por fim, aplicada ao amor. Quem se
apaixona pelo corpo, quando este decai, vai embora.
Quem se apaixona pela alma, quando esta decai, também
deveria ir embora. No entanto, há uma diferença. A deca-
dência do corpo é inevitável e rápida. A alma, por outro
lado, pode passar a vida praticamente toda em um processo de melhoramento, como no caso da vida autoexa-
minada. Assim, um amante terá sempre uma motivação
renovada para amar.

Alcibíades implora para Sócrates não partir, mostrando que ele, finalmente, reconhecera o benefício de dialogar com o filósofo. Essa mudança de atitude condiz com
a relação entre os dois encenada no *Banquete*, em que
temos um Alcibíades a perseguir um Sócrates hesitante
diante das investidas de seu admirador. Sócrates, no *Alcibíades I*, garante que não partirá, desde que o jovem não
deixe de se esforçar para se tornar melhor. Essa condição — e o risco de se corromper no meio do processo —
explicará o pessimismo de Sócrates em relação ao desenvolvimento de Alcibíades ao fim do diálogo.

Uma pequena reviravolta
[132b-132d]

Outro tema recorrente nos diálogos é a diferença entre ser
e parecer, invariavelmente acompanhada de um conselho
para tomar cuidado ao seguir as aparências. Isso remete
ao procurar o belo (onde parecer é ser) sem se preocupar

com o bom (que garante o ser), seguindo a distinção em 115a-115b. Essa atitude culmina em uma abordagem superficial de seus desejos; compare o fã de música que se dedica a tal paixão apenas enquanto realiza outra atividade versus quem se dedica a aprofundar o seu conhecimento musical. Isso vale para o conhecimento de si, afinal, Sócrates o distinguira da introspecção automática que todos realizamos. E, cabe pontuar, quem não se lembra de uma época em que não conhecia a si mesmo possui uma evidência de que está no pior estado possível, o de ignorar que não se conhece.

A partir da investigação anterior, o conhecimento de si tinha sido identificado ao conhecimento da alma. No entanto, de repente, Sócrates questiona essa posição: "Pelos deuses, será que não compreendemos as boas palavras da recém-lembrada inscrição em Delfos?" [132d]. Trata-se de um passo recorrente nas investigações socráticas.[26] Muitas vezes, ao chegarmos a uma conclusão que parece ser a de Sócrates, ele nos surpreende e volta a examiná-la para, por vezes, refutá-la. Afinal, tornar a submeter nossas crenças para verificar se elas são mesmo confiáveis é um passo necessário em vista de a busca pelo conhecimento ser uma tarefa difícil, falível, e que precisa ir além das aparências.

A analogia dos olhos e alguns desdobramentos
[132d-133c]

Dessa vez, Sócrates não recorre a uma analogia de técnicas e artes presentes no cotidiano dos gregos. O desvio do padrão parece indicar que daremos um passo rumo à diferenciação entre o conhecimento de si e as outras técnicas ou campos de conhecimento. É também significativo que a analogia escolhida verse sobre a visão. Os gregos tendem a aproximar o pensar às nossas capacidades sensórias. A visão, aliás, era considerada o modo mais confiável de se adquirir informação sensória. Além disso, o verbo *oida* (saber) equivale à forma do perfeito de *eidô* (ver). Portanto, no nível etimológico, "saber" equivale a "ter visto".

Sócrates pede que imaginemos o "conhece-te a ti mesmo" aplicado à visão, donde teríamos um "vê-te a ti mesmo". Se o olho visse a si mesmo de maneira direta, ele nada veria. A saída consiste em olhar para algo que o reflita. Desse modo, um olho pode se ver enquanto realiza a sua função de maneira adequada. Alguém pode pensar que, para ser ainda mais fiel, um olho poderia se olhar refletido em outro olho. Porém, esse tipo de fidelidade não faz sentido. Uma superfície como o espelho, cuja função própria é refletir, permitirá que o olho se veja melhor. O requisito final é que o olho deve olhar para a sua melhor parte, ou seja, aquela que for essencial para que ele cumpra a sua função, e, além disso, olhar para essa parte, a pupila, quando ela estiver operando com excelência.

Analogia construída, é hora de aplicá-la ao que nos interessa, isto é, o conhecimento da alma pela alma. A primeira interdição é que não convém pensar a alma enquanto ela pensa. Seria mais claro mirar uma outra alma em funcionamento e focalizar o lugar em que se dá a sua excelência, nesse caso, a sabedoria (*sophia*). Conversar com os outros conecta alma com alma, e, como acontece com Alcibíades, a conversa com Sócrates lhe revela muito sobre si, principalmente as coisas que ele não sabe mas supunha saber. A função da alma (ou da mente) é pensar; no entanto, como no caso do espelho, a observação não precisa focalizar em outra alma ou ser humano. A melhor parte da alma pode ser observada em outro lugar caso este forneça maior clareza. No caso da sabedoria da alma, esse lugar seria a divindade.[27] Em suma, o conselho é pensar a sabedoria divina a fim de vislumbrar a excelência da função racional na nossa alma.

As linhas 133c8-17 que apresentam a divindade só aparecem em duas fontes antigas que nos transmitiram partes do diálogo. São elas: Eusébio e Estobeu. Por isso, muitos acham que se trata de uma adição tardia.[28] Entretanto, há como interpretá-la de acordo com o que achamos nos diálogos. Em vista da defesa do conhecimento racional por submetimento de crenças à refutação que encontramos no *Alcibíades I* e em todos os diálogos socráticos, acredito que encontramos mais evidências para uma interpretação racional do que mística desses elementos. Nesse caso, aqui tratamos a referência ao divino como um adjetivo que indica algo que tem uma perfeição sobre-humana, mas que acontece, em diferentes gradações, nos humanos. Isso se encaixa na diferenciação entre o conhecimento divino da verdade infalível e a opinião confiável entre os humanos. A prescrição é utilizar a argumentação racional para aumentar a confiabilidade das nossas opiniões, ainda que estas permaneçam falíveis [124b-125e]. É o diálogo racional que permite à alma realizar essa sua função.

Nessa leitura, a sabedoria divina se aproxima do que hoje chamamos de racionalidade normativa. A racionalidade prescreve o uso da razão, e a normatividade indica que é uma prescrição baseada em como as coisas deveriam ser. Por um lado, reconhecem-se as falhas da racionalidade humana e as nossas tendências de cometer erros, pegar atalhos ou adquirir vícios intelectuais. Por outro, prescreve-se um agente ideal ou divino para guiar a busca pela excelência. Mais uma vez, olha-se para o modelo perfeito para que seja realizado da melhor maneira possível, ainda que a perfeição esteja interditada aos humanos. Isso condiz com outra ocorrência da analogia do espelho por parte de Sócrates. No *Fedro* [255d], Sócrates diz que o amado se vê refletido no amante, mas, algumas linhas antes [251a], ele dissera que o amante vê no amado a imagem perfeita de um deus. Essas relações dão conta da interação entre Sócrates e Alcibíades na parte final do *Alcibíades I*. Além disso, se a transferirmos para o contexto do autoconhecimento, quem quer se conhecer precisará vislumbrar a melhor versão de si mesmo a fim de tentar realizá-la racionalmente. Aliás — diante da humildade intelectual advinda da limitação do conhecimento humano —, seria mais adequado dizer: vislumbrar o modelo ideal de agente a fim de se tornar uma versão menos falível de si mesmo. O conhece-te a ti mesmo se traduz em um vislumbra-te a ti mesmo e em esforça-te para te aproximar desse ideal.

Uma tal interpretação se encaixa perfeitamente no modelo da epistemologia das virtudes em que nos tornamos melhores em algo através da prática realizada em vista de um exemplar mais competente. Para colocar em prática esse modelo, basta adotar um raciocínio contrafactual. Contrafactual é aquilo que vai além do que de fato aconteceu ao imaginar um mundo possível em que o agente age como deveria. Assim, podemos julgar o que aconteceu à luz do que deveria ter acontecido se o agente fosse coerente com os próprios preceitos. Esse tipo de racionalidade reflexiva constitui uma ferramenta poderosa para o autoconhecimento. Por exemplo, Sócrates não foi capaz de condenar a injustiça da escravidão, mas deveria, por ele reconhecer o valor da liberdade, da autossuficiência e de um tratamento absoluto da justiça.

Até aqui, vimos como o *Alcibíades I* condiz com a postura de Sócrates nos outros diálogos. Mas o trabalho do intérprete não está completo até verificarmos o que o diálogo pode trazer de novo para os estudos socráticos. O *Alcibíades I*, e seu peculiar elogio ao especialista, pode indicar que o campo do conhecimento constitui o local extra-humano dessa sabedoria. Uma técnica seria um campo de conhecimento constituído pela união de peças de conhecimento humano adquirido ao longo do tempo. Como tal, esse conjunto será mais perfeito do que qualquer praticante particular. Dessa forma, teríamos um modelo extra-humano (sempre sujeito a críticas) sem ter de postular uma origem sobre-humana (por inspiração divina ou algo parecido).

Por fim, no que concerne à estrutura interna do diálogo, chegamos à resposta ao problema aludido anteriormente. A alma que deve comandar as nossas escolhas não é um todo uno, estável ou coerente, tampouco infalível ou incorrigível. Agora sabemos que a racionalidade, através do diálogo consigo mesmo, é o que permite à alma cumprir a sua função. Ademais, devemos abordar a racionalidade de maneira normativa em busca de vislumbrar como ela deveria funcionar. Assim, temos um método de correção da função racional da alma cuja realização aumentará a sua unidade. Esse método consiste em examinar suas crenças, buscar origens, achar problemas, identificar oscilações e resolvê-las para, passo a passo, e sempre voltando para conferir, aproximar--se de um todo mais coeso como o que fora vislumbrado. Eis uma descrição mais determinada de como devemos usar o conhecimento de nós mesmos para atingirmos um estado interno mais harmônico. É a partir daí que poderemos confiar na alma para comandar, da melhor maneira possível, as nossas escolhas como agentes, seres sociais e possuidores de bens.

O conhecimento de si defendido por Sócrates, é preciso notar, não condiz com a tendência do atual senso comum da busca por autenticidade, que consiste em um mergulho subjetivo em busca das idiossincrasias do indivíduo. O que encontramos no diálogo é uma busca objetiva para o melhoramento dos nossos estados internos realizada pela racionalidade ao pôr as nossas crenças, opiniões, desejos e a própria racionalidade sob exame de uma técnica argumentativa. Para Sócrates, não há valor em ser idiossincrático apenas para fugir à norma; a coragem intelectual está em seguir qualquer método que aumente as chances de adquirirmos opiniões confiáveis, seja quando contrariar a norma, seja quando confirmar a norma. É menos se ensimesmar e mais vislumbrar um ideal externo a fim de melhorarmos em vista dele.

Felicidade privada
[133c-134b]

Sócrates, então, propõe uma equivalência entre o conhecimento de si mesmo e ser sensato. A sensatez (*sōphrosune*) é, muitas vezes, traduzida como moderação e compõe o grupo das virtudes cardinais gregas, ao lado da coragem, da justiça e da prudência. A opção por "sensatez" visa enfatizar o aspecto intelectual do termo, necessário para a compreensão da sequência do diálogo. De qualquer forma, ao mencionar essa equivalência, Sócrates traz o conhecimento de si para o âmbito das virtudes cardinais se apoiando em uma associação que era corrente entre os atenienses (ver a posição de Crítias no *Cármides* citada em 127b-128a). Aqui, Sócrates prossegue apresentando uma nova descrição da sensatez como a possibilidade de conhecer o que temos de bom e de mau. Dessa forma, a descrição da sensatez se torna uma versão mais específica da definição mais recorrente aplicável a todas as virtudes nos diálogos socráticos.

A sequência da argumentação apresenta os efeitos em cascata da concepção socrática da virtude como conhecimento. Se não nos conhecemos, tampouco saberemos se o que temos é bom ou mau (no caso do corpo) e se as nossas posses nos fazem bem ou mal. Nesse ponto, aparece uma referência à individualidade: cada um precisa realizar o seu próprio exercício de autoconhecimento. Porém, como vimos, trata-se de uma noção não subjetivista de autoconhecimento. Portanto, não estamos diante de um método subjetivo para acessar nossas idiossincrasias. Dado que apenas nós mesmos temos acesso aos nossos estados internos, cabe a nós utilizarmos o método argumentativo para torná-los mais coerentes entre si.

Ao fim da primeira navegação, vimos uma associação segundo a qual quem não é justo não será feliz. Agora o mesmo acontece, mas com foco no autoconhecimento. Mais uma vez, devemos ter em mente o sentido mais estrito de felicidade. Não se trata da felicidade subjetiva de alguém que se sente alegre, nem mesmo do bem-estar geral, ainda que, em certa medida, o sentido abarque ambos. Para Sócrates, o mais importante é o sentido de florescimento ligado ao desenvolvimento das nossas capacidades, principalmente o conhecimento.[29] Ninguém será feliz se não for bom, como na primeira parte do diálogo, e ninguém será feliz se não for sensato. Na Parte I, vimos a importância do conhecimento da justiça para que isso aconteça. Agora, tratamos disso a partir do conhecimento de si. Conhecer-se a fim de se constituir como um agente justo que toma decisões corretas não em vista das aparências (beleza) nem da vantagem própria (vantajoso) é uma condição indispensável para a felicidade. Sem isso, de nada valem poder, bens, beleza ou qualquer outro candidato que as pessoas normalmente acreditam ser o que lhes falta para serem felizes. Em suma, esse é o erro mais humano dentre aqueles advindos da falta de autoconhecimento: nos julgamos infelizes por não termos o suficiente, quando, na verdade, somos infelizes porque não sabemos em que é que temos de melhorar.

Felicidade coletiva
[134b-134c]

Sócrates, então, aplica as mesmas distinções feitas no âmbito individual às cidades. É curioso notar que esse movimento é oposto àquele da *República*. Ali, para verificar o que é a justiça no indivíduo, Sócrates pensa a justiça em uma cidade. Aqui, da mesma forma que o corpo ou os bens não são fundamentais para a felicidade do indivíduo, tampouco as construções ou a riqueza serão necessárias para a felicidade de uma cidade. Para o filósofo, uma bela arquitetura, a força militar ou a riqueza nos cofres públicos são critérios secundários para medir a felicidade de uma cidade. Se há um índice confiável para tanto, seria o nível de educação de seus habitantes, mais especificamente a sua capacidade de alcançar crenças confiáveis acerca do bom e do mau no que concerne à justiça. Como consequência disso, para o filósofo, a boa política é aquela que propicia esse tipo de excelência aos seus cidadãos.

Em vista disso, Sócrates defende que os políticos não devem procurar adquirir privilégios ou autoridade, mas, sim, justiça e sensatez. Isso porque não é possível fornecer aquilo que não se tem ou ensinar aquilo que não se sabe. Logo, todo político, inclusive Alcibíades, deve adquirir a excelência que almeja distribuir aos cidadãos [134c]. Esse quadro repete aquele do *Górgias* [514d e seq.] em que Sócrates diz que um médico deve ser capaz de tratar da própria saúde antes de passar a oferecer consultas públicas. Os políticos, por sua vez, devem aprender a se governar antes de almejar governar uma cidade-Estado. Por fim, esse cenário se aplica a todos os níveis de interação. Indivíduos não devem buscar autoridade ou privilégios sobre os outros, do mesmo modo que as cidades-Estado não devem procurar autoridade ou privilégios em sua interação com outras cidades-Estado. Ambos devem deliberar sobre as suas ações em vista do que é justo e sensato (convém lembrar que estamos no contexto de Atenas pagando um preço alto por ter sido gananciosa ao liderar de maneira imperialista a Liga de Delos).

Perigos do poder
[134c-135c]

"Amigo Alcibíades, se alguém tem autoridade para fazer tudo que deseja, mas lhe falta a mentalidade apropriada, o que provavelmente ocorrerá a si próprio e à cidade?" Com essa pergunta, Sócrates pretende mostrar os perigos de dar o que se deseja a quem não tem o conhecimento da justiça ou sensatez. As analogias utilizadas para incentivar o pensamento são, mais uma vez, a medicina e a navegação. Nesse ponto, no entanto, os exemplos ganham em riqueza de significado em vista dos níveis diferenciados em 130d-131c. Afinal, a medicina cuida da saúde do corpo (o que é nosso), e a navegação lida com as posses humanas (o que é do nosso corpo). Imagine se um médico garantir ao paciente a autoridade de um tirano. Nesse caso, o paciente teria o poder de fazer tudo que quisesse, independentemente das prescrições médicas. Um diabético incapaz de conter os excessos na alimentação, por certo, aumentaria as chances de um problema cardiovascular. Esse tipo de comportamento mostra que um tal agente é escravo de seus desejos, e não o contrário. De maneira análoga, um tirano cuja desilusão de poder é grande a ponto de achar que sabe mais sobre navegação do que o capitão do navio acabará por levar todos ao naufrágio. Algo similar seria o destino de um Estado comandado por esse tipo de político. Se não há excelência na área específica da habilidade requerida, bons resultados não se seguirão.

A dificuldade da liberdade
[135c-135e]

Esse tipo de raciocínio, aplicado ao conhecimento de si, e a definição da racionalidade como a competência que deve comandar as nossas decisões acabam gerando um requerimento que não é fácil de satisfazer àquele que quer ser livre. Se você quer fazer as suas escolhas, é preciso se ocupar de adquirir as habilidades necessárias para tanto; do contrário, é melhor obedecer. Assim como não deixamos as crianças escolherem os hábitos alimentares do almoço da família, devemos ou seguir o que os nutricionistas recomendam, ou nos tornar minimamente competentes nessa arte se quisermos encarar a responsabilidade da liberdade. Aprender com a comunidade pode até funcionar, mas fica aquém do que precisamos.

Pedindo licença para um breve excurso, convém considerar que, em muitos casos, há especialistas em enganar os não conhecedores se valendo da nossa tendência a nos deixar levar pelas aparências ou pela sedução de uma vantagem imediata, como Sócrates dizia serem alguns dos sofistas na Atenas do século v. Do lado dos especialistas, isso instaura a responsabilidade de que é preciso prezar muito pela divulgação conscienciosa do âmbito de sua especialidade. Do lado dos agentes, será preciso desenvolver a habilidade de, pelo menos, identificar quando é que os outros estão tentando nos manipular a partir desses meios ilegítimos. Para tanto, o autoconhecimento centrado na técnica da racionalidade é uma ferramenta indispensável. Vale lembrar que, no diálogo *Sofista* (231b), o estrangeiro de Eleia define o verdadeiro sofista como aquele que, pelo método de autoexame, purifica a alma dos seus interlocutores das falsas opiniões.

De volta ao diálogo, Sócrates resume a questão em duas orações: a inépcia é servil, enquanto a excelência é livre. A excelência como requisito de liberdade funciona, antes de tudo, em um sentido instrumental. Algo próximo do caso de um aprendiz de violão que, sem possuir as habilidades necessárias, não estará livre para "escolher" tocar uma peça de Aníbal Augusto Sardinha, o Garoto. A ética das virtudes lida com a arte do bem viver, e, no caso de Sócrates, é preciso desenvolver as habilidades racionais da alma a fim de adquirir conhecimento ou opiniões confiáveis para deliberar o que é justo fazer. Assim, chegamos a uma posição que parece contraintuitiva à nossa noção de liberdade, mas que é recorrente na história da filosofia ocidental. Livre é menos quem faz o que quer do que quem escolhe seguir a razão para querer o que é justo (ciente de sua falibilidade).

Despedida
[135e]

Do ponto de vista dramático imediato, a segunda navegação tem sucesso. O jovem mais arrogante de Atenas reconhece sua condição servil de ignorância. Alcibíades admite também que depende de Sócrates para deixar esse estado e adquirir as tais habilidades. A inversão de papéis está concluída; Sócrates, porém, recusa essa responsabilidade. Ele lembra que não é o caso de olhar para ele, que é falível, mas, antes, de almejar uma realização de excelência localizada na perfeição extra-humana. Alcibíades acata, ainda com a sua tendência à certeza: "Assim será! A partir de agora, cuidarei de me dedicar à justiça" [135e]. Sócrates, no entanto, não partilha dessa empolgação. Segundo ele, a força da cidade, que hipervaloriza os bens, o poder e os prazeres, vai prevalecer sobre o filósofo e o jovem.[30]

A sentença final tem tom premonitório diante do destino trágico dos dois personagens do diálogo. Alcibíades, depois de êxitos e traições políticas, será exilado e acabará morto. Sócrates, por sua vez, será condenado à morte por sua atuação na cidade. Ele não abandonará seus princípios para se defender ou escapar, o que talvez seja seu último argumento em forma de performance para provar que os seres humanos ruins não conseguem fazer mal aos amantes da sabedoria.

Notas

1   Platão, *Fedro*. Tradução de Maria Cecília Gomes dos
     Reis. São Paulo: Penguin Classics Companhia das Le-
     tras, 2016.

2   Id., *Alcibiades*. Ed. Nicholas Denyer. Cambridge:
     Cambridge University Press, 2001.

3   Jakub Jirsa, "Authenticity of the 'Alcibiades' I: Some
     Reflections". *Folia Philologica*, v. 132, n. 4, pp. 225-
     -44, 2009.

4   Nicholas D. Smith, "Did Plato Write the Alcibiades I?".
     Apeiron, v. 37, n. 2, pp. 93-108, 2004.

5   David Gribble, *Alcibiades and Athens: A Study of Li-
     terary Presentation*. Oxford: Clarendon, 1999.

6   Debra Nails, *The People of Plato*. Indianapolis: Ha-
     ckett, 2002.

7   Walter M. Ellis, *Alcibiades*. Oxford: Oxford University
     Press, 1989.

8   P. J. Rhodes, *Alcibiades: Athenian Playboy, General
     and Traitor*. Barnsley: Pen and Sword Military, 2011.

9   Thomas C. Brickhouse e Nicholas Smith, *The Philoso-
     phy of Socrates*. Boulder: Westview, 1999.

10   Julia Annas, em *The Morality of Happiness* (Oxford:
     Oxford University Press, 1993), oferece uma boa intro-
     dução ao tema.

11   Miguel Spinelli, em "o daimónion de Sócrates" (*Hypnos*,
     São Paulo, v. 11, n⁰16, pp. 32-61, 1⁰ sem. 2006), ofere-
     ce um percurso do uso do termo na filosofia grega.

12   Martha Nussbaum, "Commentary on Edmunds". In:
     CLEARLY, J. (Ed.). *Proceedings of the Boston Area
     Colloquium in Ancient Philosophy*, v. 1, pp. 231-40,
     1985.

13   Gregory Vlastos, em *Socratic Studies* (Cambridge:
     Cambridge University Press, 1994), oferece uma carac-
     terização cuidadosa do *elenchos*.

14   R. S. Peters, em "Moral Education and the Psychology
     of Character" (*Philosophy*, v. 37, pp. 37-56, 1962), ofe-
     rece uma abordagem profunda do componente adver-
     bial nos traços de caráter.

15   Quem quiser se aprofundar na questão epistemológica
        pode começar por Gregory Vlastos em *Socrates Ironist
        and Moral Philosopher* (Cambridge: Cambridge Uni-
        versity Press, 1991).

16   K. J. Dover, em *Greek Popular Morality in the Time of
        Plato and Aristotle* (Oxford: Blackwell, 1974), oferece
        um cuidadoso estudo da moralidade de senso comum
        em oposição à reflexão ética na Atenas do século v.

17   Fernando Muniz, em "Sócrates e o Prazer" (*Phoinix*,
        Rio de Janeiro, v. 8, pp. 162-9, 2002), examina mais a
        fundo as discussões de Sócrates acerca do prazer.

18   Luiza Severo Buarque de Holanda, em "Tragédia e an-
        titragédia na *Apologia de Sócrates*: Uma análise retóri-
        ca". (*O que nos faz pensar*, [S.l.], v. 27, n. 42, pp. 23-34,
        jun. 2018), analisa a morte de Sócrates à luz da morte de
        Aquiles a partir da *Apologia*.

19   Elizabeth Irwin, em "The End of the Histories and the
        End of the Atheno-Peloponesian Wars" (in: HARRISON,
        Thomas; IRWIN, Elizabeth [Eds.]. *Interpreting Herodo-
        tus*. Oxford: Oxford University Press, 2018), trata do
        caso de Heródoto.

20   Para um estudo desse papel, ver Andre Archie, em *Poli-
        tics in Socrates' Alcibiades: A Philosophical Account of
        Plato's Dialogue Alcibiades Major* (Dordrecht: Springer,
        2015).

21   Terence Irwin, *Plato's Ethics*. Oxford: Oxford Universi-
        ty Press, 1995.

22   Linda Trinkaus Zagzebski, *Virtues of the Mind: An In-
        quiry into the Nature of Virtue and the Ethical Foun-
        dations of Knowledge*. Cambridge: Cambridge Univer-
        sity Press, 1996.

23   Ver Jason Baehr (Ed.), *Intellectual Virtues and Edu-
        cation: Essays in Applied Virtue Epistemology*. Nova
        York: Routledge, 2015.

24   Para uma leitura que enfatiza a importância do corpo para
        se pensar a alma a partir do *Górgias* de Platão, ver Maria
        Aparecida de Paiva e Montenegro e Pedro Henrique Araú-
        jo Santiago, "O corpo como evidência da alma no *Górgias*
        de Platão", (*Revista Archai*, Brasília, n. 30, 2020).

25   Ver Matthew Duncombe, "Thought as Internal Speech
     in Plato and Aristotle". *Logical Analysis and History of
     Philosophy*, v. 19, pp. 105-25, 2016.
26   Paul Woodruf, "The Skeptical Side of Plato's Method".
     Revue Internationale de Philosophie, v. 46, n. 156-7,
     pp. 22-37, 1986.
27   David M. Johnson, "God as the True Self: Plato's *Alci-
     biades I*". *Ancient Philosophy*, v. 19, pp. 1-19, 1999.
28   William Altman, em *Ascent to the Beautiful* (London:
     Lexington Books, 2020), oferece uma defesa recente da
     legitimidade desse trecho. Em contrapartida, Nicholas
     Denyer, na edição mais recente do texto *Plato's Alcibia-
     des* (Cambridge University Press, 2001), defende que o
     vocabulário utilizado confirma a inautenticidade.
29   Aldo Dinucci, em "A relação entre virtude e felicidade
     em Sócrates" (*Filosofia Unisinos*, v. 10, n. 3, pp. 254-
     -64, set./dez. 2009), defende a identidade entre virtude
     e felicidade em Sócrates.
30   Roberto Bolzani Filho, em "O elogio de Sócrates por
     Alcibíades" (*Discurso*, v. 46, n. 1, pp. 47-72, 2016),
     mostra como é a descrição de Sócrates por Alcibíades
     no outro diálogo em que o jovem figura, o *Banquete*.

Bibliografia

ALTMAN, William. *Ascent to the Beautiful*. London: Lexing-
ton Books, 2020.
ANNAS, Julia. "Self-Knowledge in Early Plato". In: O'MEARA,
Dominic J. (Ed.). *Platonic Investigations*. Washington: Ca-
tholic University of America Press, 1985.
_____. *The Morality of Happiness*. Oxford: Oxford University
Press, 1993.
ARCHIE, Andre. *Politics in Socrates' Alcibiades: A Philosophi-
cal Account of Plato's Dialogue Alcibiades Major*. Dor-
drecht: Springer, 2015.
ARISTÓFANES. *As rãs*. Trad. de Trajano Vieira. São Paulo: Co-
sac Naify, 2014.

ARQUÍLOCO. *Fragmentos poéticos*. Introd., trad. e notas de Carlos A. Martins de Jesus. Lisboa: INCM, 2016.

BAEHR, Jason. *Intellectual Virtues and Education: Essays in Applied Virtue Epistemology*. Nova York: Routledge, 2015.

BOERI, Marcelo D.; DE BRASI, Leandro. "Self-Knowledge in the Alcibiades I, the Apology of Socrates, and the Theaethetus". *Universum*, v. 31, n. 1, pp. 17-38, 2017.

BOLZANI, Roberto. "O elogio de Sócrates por Alcibíades". *Discurso*, 46(1), pp. 47-72, 2016.

BRICKHOUSE, Thomas C.; SMITH, Nicholas D. "Socrates on Goods, Virtue, and Happiness". *Oxford Studies in Ancient Philosophy*, v. 5, pp. 1-27, 1987.

_____. *The Philosophy of Socrates*. Boulder: Westview, 1999.

DIAS, Ana Cristina de Souza Pires. *Alcibíades primeiro de Platão: Estudo e tradução*. São Paulo: FFLCH-USP, 2015. Dissertação (Mestrado em Letras Clássicas).

DINUCCI, Aldo. "A relação entre virtude e felicidade em Sócrates". *Filosofia Unisinos*, v. 10, n. 3, pp. 254-264, set./dez. 2009.

DOVER, K. J. *Greek Popular Morality in the Time of Plato and Aristotle*. Oxford: Blackwell, 1974.

DUNCOMBE, Matthew. "Thought as Internal Speech in Plato and Aristotle". *Logical Analysis and History of Philosophy*, v. 19, pp. 105-125, 2016.

ELLIS, Walter M. *Alcibiades*. Oxford: Oxford University Press, 1989.

GIORGI, Mauro Armond di. *Críton: Tradução, análise e comentários*. São Paulo: FFLCH-USP, 2010. Dissertação (Mestrado em Letras Clássicas).

GRIBBLE, David. *Alcibiades and Athens: A Study of Literary Presentation*. Oxford: Clarendon, 1999.

HERÁCLITO. *Fragmentos contextualizados*. Trad., estudo e comentários de Alexandre Costa. São Paulo: Odysseus, 2012.

HOMERO. *Ilíada*. Trad. de Frederico Lourenço. São Paulo: Penguin Companhia, 2013.

HOLANDA, Luiza Severo Buarque de. "Tragédia e antitragédia na Apologia de Sócrates: uma análise retórica". *O que nos faz pensar*, [S.l.], v. 27, n. 42, pp. 23-34, jun. 2018.

IRWIN, Elizabeth. "The End of the Histories and the End of the Atheno-Peloponesian Wars". In: HARRISON, Thomas; IRWIN, Elizabeth (Eds.). *Interpreting Herodotus*. Oxford: Oxford University Press, 2018.

IRWIN, Terence. *Plato's Ethics*. Oxford: Oxford University Press, 1995.

JIRSA, Jakub. "Authenticity of the 'Alcibiades' I: Some Reflections". *Folia Philologica*, v. 132, n. 4, pp. 225-244, 2009.

JOHNSON, David M. "God as the True Self: Plato's Alcibiades I". *Ancient Philosophy*, v. 19, pp. 1-19, 1999.

JOOSE, Albert. "Dialectic and Who We Are in the Alcibiades". *Phronesis*, v. 59, n. 1, pp. 1-21, 2014.

MONTENEGRO, Maria Aparecida de Paiva; SANTIAGO, Pedro Henrique Araújo. "O corpo como evidência da alma no Górgias de Platão". *Revista Archai*, Brasília, n. 30, 2020.

MUNIZ, Fernando. "Sócrates e o Prazer". *Phoinix*, Rio de Janeiro, n. 8, pp.162-9, 2002.

NAILS, Debra. *The People of Plato*. Indianapolis: Hackett, 2002.

NUSSBAUM, Martha. "Commentary on Edmunds". In: CLEARLY, J. (Ed.). *Proceedings of the Boston Area Colloquium in Ancient Philosophy*. v. 1. Lanham: University Press of America, 1985. pp. 231-240.

O'NEILL, William. *Proclus: Alcibiades I, a Translation and a Commentary*. Dordrecht: Springer, 1971.

PENTASSUGLIO, Francesca. "Socrates on Virtue and Self-Knowledge in Alcibiades I and Aeschines' Alcibiades". *Archai*, n. 12, pp. 69-79, 2014.

PETERS, R. S. "Moral Education and the Psychology of Character". *Philosophy*, v. 37, pp. 37-56, 1962.

PLATÃO. *Laques*. Introd., trad. do grego e notas de Francisco Oliveira. Coimbra: Edições 70, 1989.

_____. *Fédon*. Trad. de Maria Tereza S. de Azevedo. Brasília: Editora UnB, 2000.

_____. *Alcibiades*. Ed. Nicholas Denyer. Cambridge: Cambridge University Press, 2001.

_____. *Mênon*. Texto estabelecido e anotado por John Burnet, trad. de Maura Iglésias. Rio de Janeiro: Loyola, 2001.

_____. *A República [ou sobre a justiça, diálogo político]*. Trad.

de Anna Lia de Amaral Almeida Prado. São Paulo: Martins Fontes, 2007.

_____. *Apologia de Sócrates*. Introd., trad. do grego e notas de André Malta. Porto Alegre: L&PM, 2008.

_____. *Eutidemo*. Texto estabelecido e anotado por John Burnet, trad., apres. e notas de Maura Iglésias. Rio de Janeiro: Loyola, 2011.

_____. *O sofista*. Trad. de Henrique Murachco, Juvino Maia Jr. e José Trindade Santos, pref., introd. e apênd. de José Trindade Santos. Lisboa: Fundação Calouste Gulbenkian, 2011.

_____. *Górgias*. Trad., ensaio introd. e notas de Daniel R. N. Lopes. São Paulo: Perspectiva, 2014.

_____. *Cármides, Lísis*. Trad. de Carlos Alberto Nunes. Belém: EDUFPA, 2015.

_____. *Fedro*. Trad. de Maria Cecília Gomes dos Reis. São Paulo: Penguin Classics Companhia das Letras, 2016.

_____. *O banquete*. Trad. de José Cavalcante de Souza. São Paulo: Editora 34, 2016.

PLUTARCO. *Vidas paralelas: Alcibíades e Coriolano*. Trad. do grego, introd. e notas de Maria do Céu Fialho e Nuno Simões Rodrigues. São Paulo: Annablume/ECH, 2010.

RHODES, P. J. *Alcibiades: Athenian Playboy, General and Traitor*. Barnsley: Pen and Sword Military, 2011.

RIDER, Benjamin A. "Self-Care, Self-Knowledge, and Politics in Alcibiades I". *Epoché*, v. 15, n. 2, pp. 395-413, 2011.

SCHLEIERMACHER, Friedrich D. E. *Introductions to the Dialogues of Plato*. Nova York: Arno, 1836. [Ed. bras.: *Introdução aos diálogos de Platão*. Trad. de Georg Otte. Belo Horizonte: Editora UFMG, 2002.]

SMITH, Nicholas D. "Did Plato Write the Alcibiades I?". *Apeiron*, v. 37, n. 2, pp. 93-108, 2004.

SOUZA, Luciano Ferreira de. *Conhecimento e memória no Teeteto de Platão*. São Paulo: FFLCH-USP, 2016. Tese (Doutorado em Letras Clássicas).

SPINELLI, Miguel. "O daimónion de Sócrates". *Hypnos*, São Paulo, v. II, nº 16, pp. 32-61, 1º sem. 2006.

TUCÍDIDES. *História da Guerra do Peloponeso*. Trad. do grego de Mário da Gama Cury. Brasília: Editora UnB, 1999.

ALCIBÍADES I

VLASTOS, Gregory. *Socrates Ironist and Moral Philosopher*. Cambridge: Cambridge University Press, 1991.

_____. *Socratic Studies*. Cambridge: Cambridge University Press, 1994.

WERNER, Daniel. "The Self-Seeing Soul in the Alcibiades I". *Ancient Philosophy*, v. 33, n. 2, pp. 307-331, 2013.

WILBURN, Joshua. "The Problem of Alcibiades: Plato on Moral Education and the Many". *Oxford Studies in Ancient Philosophy*, v. 49, pp. 1-36, 2015.

WOODRUF, Paul. "The Skeptical Side of Plato's Method". *Revue Internationale de Philosophie*, v. 46, n. 156-157, pp. 22-37, 1986.

ZAGZEBSKI, Linda Trinkaus. *Virtues of the Mind: An Inquiry into the Nature of Virtue and the Ethical Foundations of Knowledge*. Cambridge: Cambridge University Press, 1996.

Platão

Fedro

Tradução do grego, apresentação e notas de
MARIA CECÍLIA GOMES DOS REIS
Introdução de
JAMES H. NICHOLS JR.

A atividade literária de Platão, considerado um dos pais da filosofia, se estendeu por cerca de meio século. Poucos foram os escritores da Antiguidade que, como ele, exploraram a prosa grega em toda a sua graça e precisão, sua flexibilidade e seu poder.

Fedro é universalmente reconhecido como um dos seus textos mais profundos e belos. Tomando a forma de um diálogo entre Sócrates e Fedro, seu assunto principal é o amor (especialmente o homoerótico). Em seguida, porém, a conversa muda de direção e volta-se para uma discussão acerca da retórica, que deve ser baseada na busca apaixonada pela verdade, aliando-se assim à filosofia.

Esta nova edição de *Fedro*, com tradução direta do grego, apresentação e notas de Maria Cecília Gomes do Reis, inclui um ensaio sobre retórica inédito no Brasil de autoria do americano James H. Nichols Jr., um dos maiores especialistas mundiais na obra de Platão.

LEIA MAIS PENGUIN-COMPANHIA
CLÁSSICOS

Homero

Odisseia

Tradução de
FREDERICO LOURENÇO

A narrativa do regresso de Ulisses a sua terra natal é uma obra de importância sem paralelos na tradição literária ocidental. Sua influência atravessa os séculos e se espalha por todas as formas de arte, dos primórdios do teatro e da ópera até a produção cinematográfica recente. Seus episódios e personagens — a esposa fiel Penélope, o filho virtuoso Telêmaco, a possessiva ninfa Calipso, as sedutoras e perigosas sereias — são parte integrante e indelével de nosso repertório cultural.

Em seu tratado conhecido como *Poética*, Aristóteles resume o livro assim: "Um homem encontra-se no estrangeiro há muitos anos; está sozinho e o deus Posêidon o mantém sob vigilância hostil. Em casa, os pretendentes à mão de sua mulher estão esgotando seus recursos e conspirando para matar seu filho. Então, após enfrentar tempestades e sofrer um naufrágio, ele volta para casa, dá-se a conhecer e ataca os pretendentes: ele sobrevive e os pretendentes são exterminados".

Esta edição de *Odisseia* traz uma excelente introdução de Bernard Knox, que enriquece o debate dos estudiosos, mas principalmente serve de guia para estudantes e leitores, curiosos por conhecer o mais famoso épico de nossa literatura.

Homero

Ilíada

Tradução do grego de
FREDERICO LOURENÇO

Primeiro livro da literatura ocidental, a *Ilíada*, como o próprio nome indica, a princípio parece tratar apenas de um breve incidente ocorrido no cerco dos gregos à cidade troiana de Ílion, a crônica de aproximadamente cinquenta dias de uma guerra que durou dez anos. No entanto, graças à maestria de seu autor, essa janela no tempo se abre para paisagens vastíssimas, repletas de personagens e eventos que ficariam marcados para sempre no imaginário ocidental. É nesse épico homérico que surgem figuras como Páris, Helena, Heitor, Ulisses, Aquiles e Agamêmnon, e em seus versos somos transportados diretamente para a intimidade dos deuses, com suas relações familiares complexas e às vezes cômicas.

Mas, acima de tudo, a *Ilíada* é a narrativa da tragédia de Aquiles. Irritado com Agamêmnon, líder da coalizão grega, por seus mandos na guerra, o célebre semideus se retira da batalha, e os troianos passam a impor grandes derrotas aos gregos. Inconformado com a reviravolta, seu escudeiro Pátroclo volta ao combate e acaba morto por Heitor. Cegado pelo ódio, Aquiles volta à carga com sedento por vingança, apesar de todas as previsões sinistras dos oráculos.

Dante Alighieri

Convívio

Tradução, introdução e notas de
EMANUEL FRANÇA DE BRITO
Apresentação de
GIORGIO INGLESE

Concebido na primeira década do século XIV, provavelmente enquanto Dante estava no exílio, *Convívio* é composto de uma série de comentários acerca de peças poéticas que o autor escreveu em sua juventude. Poemas alegóricos sobre o amor e a filosofia, os versos se transformam em base para explicações filosóficas, literárias, morais e políticas.

Escritos em italiano, para que os não eram versados em latim pudessem compartilhar daquele conhecimento, os quatro tratados de *Convívio* são a explícita celebração da filosofia e do que ela representa — isto é, o amor pelo saber.

A obra, que se presta muito bem à apreensão da trajetória intelectual e espiritual do autor, demonstra ainda a lógica política e científica de sua época e joga luz sobre os temas filosóficos que percorrem toda a criação de Dante, incluindo a *Divina comédia*.

LEIA MAIS PENGUIN-COMPANHIA

CLÁSSICOS

Epicuro

Cartas & Máximas principais

Tradução do grego, apresentação e notas de
MARIA CECÍLIA GOMES DOS REIS
Introdução de
TIM O'KEEFE

Os ensinamentos de Epicuro atraíram legiões de adeptos em todo o mundo antigo e influenciaram profundamente o pensamento europeu moderno. Embora tenha enfrentado oposição hostil por séculos após sua morte, Epicuro conta com Thomas Hobbes, Thomas Jefferson, Karl Marx e Isaac Newton entre seus muitos admiradores.

Filósofo grego cujo prestígio ressurgiu a partir do século xix, Epicuro seria o verdadeiro pai de ideias como a base materialista do marxismo, o princípio de incerteza da física quântica, a noção de seleção natural, o problema da vontade livre, a doutrina da vida em comunidade afastada da política e — por fim e não menos importante — o repúdio à crença em castigos após a morte.

Este volume compreende os escritos filosóficos de Epicuro que sobreviveram até nossa época, as três cartas dedicadas aos seus discípulos, bem como um conjunto de sentenças e aforismos. *Cartas & Máximas principais* é uma janela para a filosofia antiga do bem viver.

WWW.PENGUINCOMPANHIA.COM.BR

Esta obra foi composta em Sabon por Alexandre Pimenta
e impressa em ofsete pela Geográfica sobre papel Pólen Soft
da Suzano S.A. para a Editora Schwarcz
em janeiro de 2022

A marca FSC® é a garantia de que a madeira utilizada na fabricação
do papel deste livro provém de florestas que foram gerenciadas de
maneira ambientalmente correta, socialmente justa e economica-
mente viável, além de outras fontes de origem controlada.